東京のディープなアジア人街

DEEP ASIAN TOWN IN TOKYO

河畑 悠

Text by Yu Kawahata

彩図社

はじめに

２０１２年5月、東京スカイツリーが開業した。

それまであまりスポットライトを浴びることのなかった押上という地味な（？）駅に、名前の通り空にニョキニョキと屹立するその塔は、東京の新観光名所として瞬く間に認知され、高い入場料も物ともせず、開業から2年経った今でも日々多くの観光客を呼び寄せている。

だが、実はそのすぐそばの、ある意味ではスカイツリーよりも魅力的な〝もうひとつの観光地〟に関心を向ける者はあまり多くない。押上から徒歩20分足らずの錦糸町。そこが多くのタイ人が集まる「知られざるアジア」だという事実をあなたは知っているだろうか。いや、錦糸町に限らず、高田馬場にはミャンマーが、西葛西にはインドが、池袋には中国が、竹ノ塚にはフィリピンがあることを、知っているだろうか。

総務省の統計によると、２０１３年12月時点の日本には、約２００万人の在留外国人がいるとされている。その8割はアジア人だ。そして、その内の約4分の1がここ東京で生活しているという。彼らは母国を出て、あるいは日本で生まれ育ち、言語も風習も異なる国で、過ごしやすい街にコミュニティーを生成して生活している。こうした街には母国の人に向けた料理店が並び、母国の人が買い物をするための食材店があり、母国の人が散髪をするための美容室があり、カラオケ屋があり、バーがある。そのように街を自ら住みやすくカスタマイズして、彼らは今日を暮している。いわば、東京の中にもうひとつのアジアを作ったわけだ。

本書は、この〝もうひとつのアジア〟をひとつずつ巡ることからスタートした。もともとアジアの独特の怪しさや猥雑さが好きで、十数年前からアジア各国をヒマに任せてはバックパックを背負って巡っていたのだけれど、それが、池袋に中華料理を食べに、新大久保に（あるいは上野に）韓国料理を食べに、錦糸町にパクチーを買いに……と通っているうちに、東京にもアジアを感じられる場所があることに気が付いた。そうしてせっせと通っているうちにできたのが本書である。

スカイツリーやディズニーランド、横浜中華街や秋葉原が「表の観光地」だとするならば、本書で紹介しているのは「裏の観光地」だ。「東京」と頭に付いてはいるけれど、新大久保を除けば、本書に出てくるスポットのほとんどは旅行者向けのガイドブックとは無縁の街である。派手なアトラクションはないし、記念写真の撮影にも向かない。でも、もしかしたらアジア好きにとっては、そこは懐かしい独特の芳香が充満している、どこよりも刺激的で魅惑の観光スポットなのかもしれない。

アジアが好きで、ヒマもカネもないけど旅に出たくて仕方がない人。アジアに興味はあるけれど、ひとりで旅に出るのはちょっと怖いという人。マンネリで週末のデートの予定が決められず頭を悩ませているカップル。そして、いつかまた旅に出る日を夢見ているかつてバックパッカーだった人。本書がそうした方々の次の休日に、ほんの少しでも役に立てれば幸いである。

東京のディープなアジア人街　目次

【第一章】東京のリトルバンコク～錦糸町

リトルバンコク錦糸町 地図

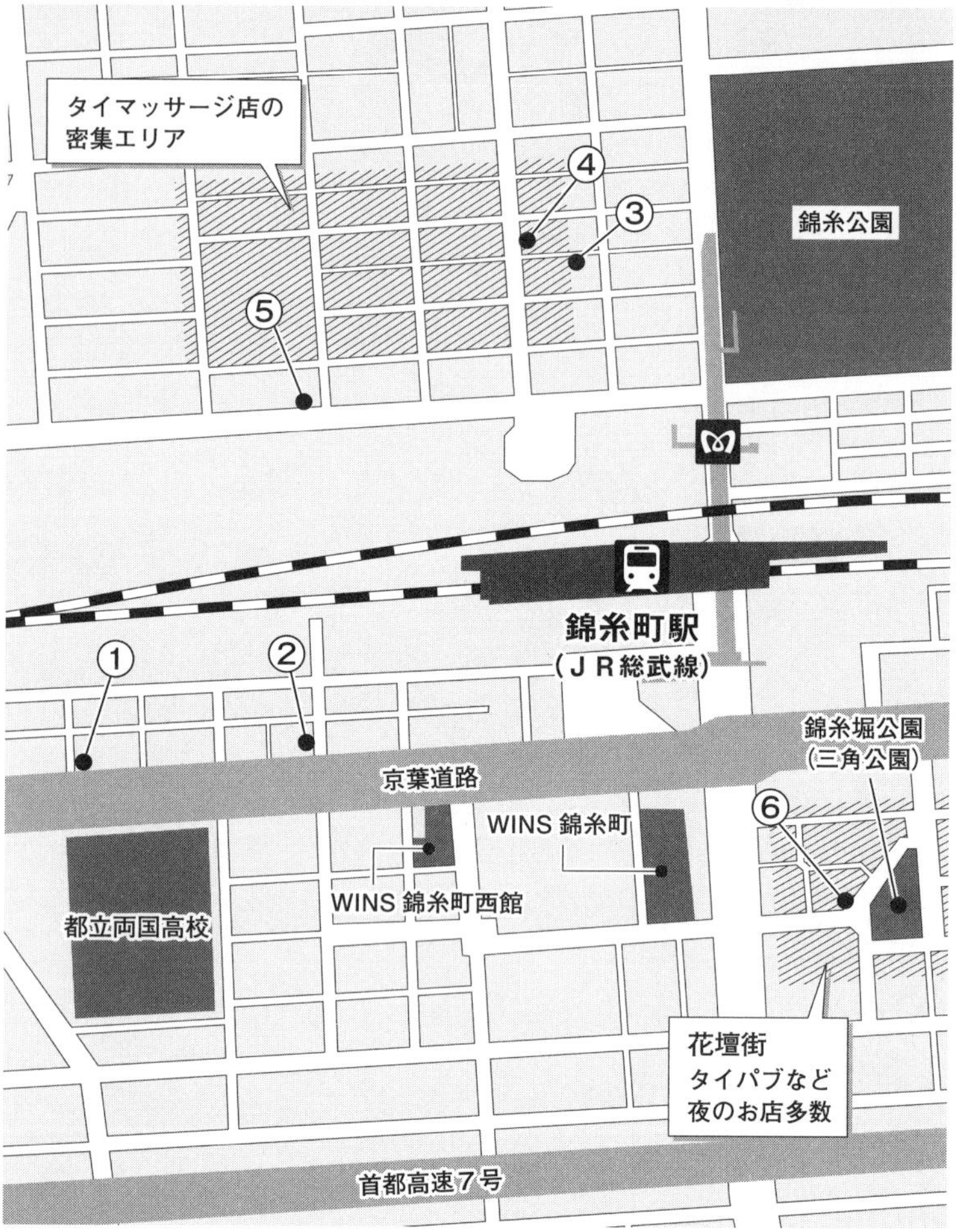

①タイ料理などのタイ文化を学べる「タイ教育・文化センター」（→ 14 ページ）

②日本タイ料理界のパイオニア「ゲウチャイ 江東橋店」（→ 17 ページ）

③タイ人が集まる食材店兼レストラン「タイランドショップ」（→ 20 ページ）

④イタきもちいい本格タイマッサージ「ポンガン」（→ 23 ページ）

⑤アジアな八百屋「アジア食材卸問屋 ヤオショー」（→ 27 ページ）

⑥タイ居酒屋「サンゴ」とタイパブ「くるみ」（→ 33 ページ）

多くの人で賑わう錦糸町駅前。東京の東を代表する繁華街だ。

総武線で新宿から約30分。オタクの聖地・秋葉原を通り過ぎ、相撲の聖地・両国を越えた先にある、限りなく千葉に近い東京、錦糸町。※

駅を降り、ＷＩＮＳや丸井のある南口を出て左右を見渡すと、目に入るのは居酒屋や風俗店、チェーンの牛丼屋、コンビニエンスストア、それにラーメン屋。いわばごくごくありふれた、どこにでもある中規模な街の風景である。

だが、駅前を離れ、裏通りを歩いてみると、よその街とは「なんだか少し違う」雰囲気が漂っていることに気づく。路地を埋めるマッサージ屋やレストラン、カラオケパブの店頭にあるのは、「赤・白・紺」の三色で染め抜かれた国旗に木彫りの象、そして知らなければ絶対に読めない、くねくねと丸く可愛らしい文字……そう、ここ錦糸町は「東京のバンコク」。都内在住のタイマニアの聖地なのだ。

「東京のバンコク」は駅を起点に北と南に大別することができる。

南口エリアは主に墨東病院方面に歩いて数分のところにある、「花壇街」周辺。北口エリアは遠くに東

※錦糸町
駅前には若者が集まる丸井やシネコンがあり、ＷＩＮＳ裏は昼間から楽しそうに酒盛りするオジチャンたちで溢れ、三角公園そばはディープな夜の雰囲気……と、さまざまな顔を持つ東京の東エリアの雄。デートから飲み歩きまで、楽しみ方は多種多様だ。アジア系を中心に外国人も多く、多国籍な空気が漂う。

京スカイツリーをのぞむ、駅前大通りの裏側一帯である。

つらつらと北口エリアを歩いてみると、目につくのはマッサージ店の多さだ。目抜き通りはもちろん、路地という路地にびっしりとタイマッサージ店が入り込んでいる。タイマッサージというと、都内では「タイマッサージ王国」こと小岩が有名だが、勝るとも劣らない盛況ぶりだ。タイ料理店や食材店なんかも地元の人しか通らないような狭い路地に突然現れたりして、思わぬ発見があったりで面白い。※

さて、一方南口エリアはというとタイパブや、やはりタイマッサージ店が集まる花壇街周辺が街歩きの中心となる。ランドマークは「錦糸堀公園※（通称三角公園）」だ。

周辺にはタイ関係の店だけではなく韓国系の店やロシア系のパブなんかもちらほらあったりして、なんというか良く言えばインターナショナル、悪く言えばしょぼい歌舞伎町というか……とにかく雑多な雰囲気が特徴のエリアである。要するに「夜の店」が多いわけだが、そのわりにあたりを歩く人影は少なかったりして、ＷＩＮＳ裏あたりの賑わいと比べるとなんとなく寂しさが募る。静かなぶん、一帯を漂う「怪しさ」が強調されている（気がする）のである。

錦糸町がタイ人の街と化したのはいつごろからなのか、その時期を明確につかむことは難しい。

ただ、錦糸町で24年前からタイ食材の輸入事業「ピーケーサイアム」を営む松本ピムチャイさんの話によれば、今から10数年ほど前、時期にすると２０００年をちょっと過ぎたあたりが、日本全体でタイ関連の店の全体数がピークに達した「最盛期」だったという。おそらくそのこ

※錦糸町のタイ関連店舗の密集エリア
範囲としては駅から半径100メートルぐらいが密集度は高いが、スカイツリーを目指して押上方向に歩いてみると駅から離れた場所にも店があったりするので、タイ料理をハシゴしつつ帰りはスカイツリーを見物……なんてプランもいいかもしれない。

※錦糸堀公園
近隣住民の憩いの場。本所七不思議のひとつ、置行堀（おいてけぼり）伝説をモチーフにした河童像がある。

錦糸堀公園の河童像

ろが日本にもっとも多くタイ人が住んでいた時期であり、それは錦糸町においてもまた同様だったようだ。※「ピーケーサイアム」や後述する「タイランドショップ」が錦糸町に進出した1990年代にはすでに「バンコク化」の萌芽はあったわけだが、それが2000年代前半に花開いたというわけだ。

三角公園周辺の花壇街。タイパブやロシアンパブなど多国籍な夜の店が集まる。

さて、では現在はどうかというと、取材で出会った何人かのタイ人はみな、異口同音に「錦糸町のタイ人はだいぶ減っている」という。長引く不況や2011年の震災の影響などが確実にこの街にも影を落としているのである。※

ただ、そうは言っても錦糸町が依然、相対的にタイ関連の店が多い事実には変わりがない。なにしろ少し路地をうろつけば、視界のどこかには必ずタイマッサージやタイパブ、タイ料理店が映るのだ。

これほどまでに「バンコク化」している街は東京のどこを探してもない。往年のパワーは失いつつあれど、錦糸町はいまなお「東京のバンコク」としてタイマニアの聖地であり続けているのである。

※墨田区のタイ人登録者数
東京都の統計データ「区市町村別主要10か国外国人人口」では、2013年4月の時点で外国人登録しているタイ人の数は、錦糸町を含む墨田区は360人。2012年は374人、2011年は368人、2010年は382人で、10年前の2003年は334人だった。データ上では、ここ10年ほどは、外国人登録者数にみるタイ人数は大幅な増減はないようだ。もっとも、オーバーステイの問題があるし、タイ人が錦糸町エリアにだけ住んでいるわけではないので、一概には言えないが。

※訪日するタイ人の数
一方、2013年7月以降、ビザの発給緩和により観光目的の訪日タイ人数はうなぎ登りだったりする。

【リトルバンコクを代表する教育施設】
タイ文化の発信地「タイ教育・文化センター」

ＪＲ錦糸町駅の南口を出てまっすぐ進み、国道14号京葉道路沿いを右に向かって歩くこと数分。ラーメン屋や飲み屋の前を通り過ぎてやや飲食店が減り始めたころ、大通り沿い右手に、看板に赤白紺のタイ国旗がデザインされたビルがみえてくる。

ここが東京の、というより日本におけるタイ文化の啓蒙を率先して行ってきた、タイ文化普及の急先鋒「タイ教育・文化センター」※（タイテック）。開設したのは理事長の松本ピムチャイさん。タイ食材の輸入事業を営む「ピーケーサイアム」や、老舗タイ料理店「ゲウチャイ」の創設者でもある。

●タイ文化の発信地「タイテック」

ここタイテックで行われているのは、タイ料理教室、タイ語教室、タイカービング教室……とタイの文化に関すること全般。まさに「タイ教育・文化センター」の看板に偽りない取り組みである。

もともと、ピムチャイさんがタイテックを設立したのは、在日タイ人のためではなく、タイ

※タイ教育・文化センター
【住所】東京都墨田区江東橋1・11・9　ＰＫサイアムビル
【営業日】月曜・祝祭日定休
【営業時間】11時～21時（火～金）、11時～17時（土、日）
【ＵＲＬ】http://www.thaitec.jp/

タイ教育・文化センター

料理教室は和気あいあいとした雰囲気

に行く日本人のためだった。タイ料理教室を始めたのも、もっとも親しみやすい「料理」という文化を、日本に広く普及させたいという思いがあったからだという。

現在、タイテックでは受講生のレベルや目的に合わせて、初心者向けのものをはじめ、※さまざまな料理教室が実施されている。

取材日は卒業試験前の最後の実習日ということで、担当のダー先生の指導のもと、みな慣れた手つきで豚肉のトースト揚げやかぼちゃのシロップ煮などの料理を次々と完成させていく。和気あいあいと楽しそうに受講している生徒の姿が印象的だった。

タイテックではプロを目指す人のために「プロ養成コース」も開設している。卒業生の中には当初の目的通り、自らタイ料理店をオープンさせた人もいるという。「タイ料理屋を日本にもっともっと増やしたい。若い人にもっと学びにきてもらいたい」とピムチャイさん。イタリアンや中華料理の世界で日本人のコックが珍しくないように、タイ料理も日本人が作るのが当たり前になる、そんな時代が近いうちに来るのかもしれない。

※さまざまな料理教室
タイテックでは、定番料理を学べる1日限りの講座から、約半年間にわたってタイ料理をみっちり学ぶレギュラー講座まで幅広い講座を取り揃えている。レギュラーコース（タイ料理基本コース）は全15回（合計90時間）。費用は16万円（税込）とのこと。

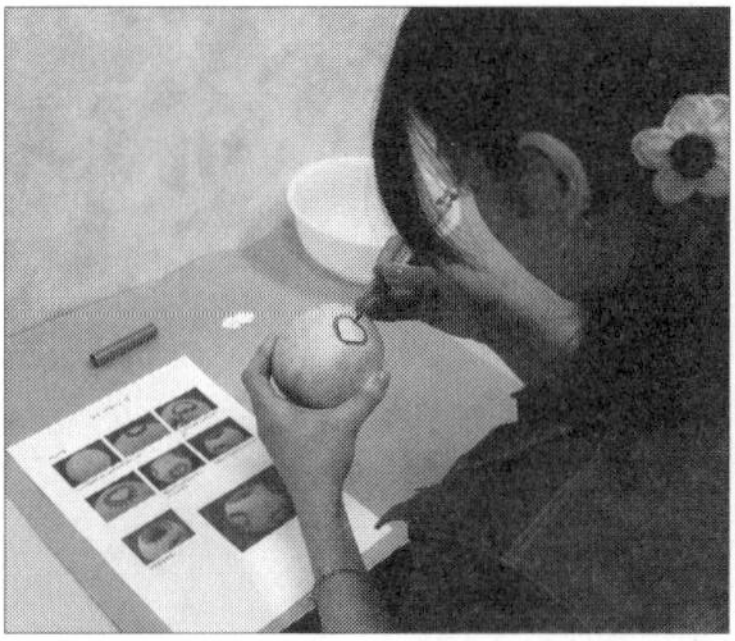
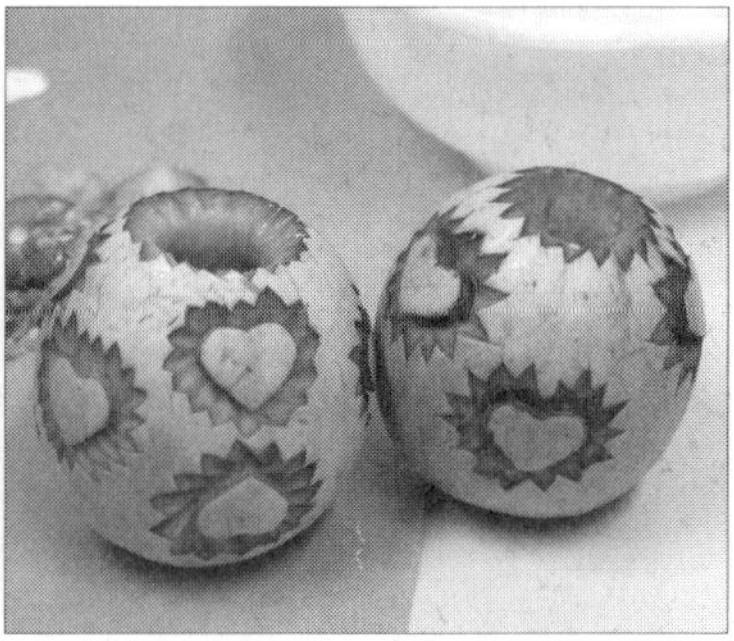

メロンにカービング。何ができるんでしょうか（左）、しばらくすると見事な模様が完成（右）

●食卓を飾る芸術品「タイカービング」教室

この日はもうひとつのコースが行われていた。フルーツや野菜に専用のナイフでさまざまな装飾を施す「タイカービング」※のコースである。日本での認知度はまだあまり高くないが、タイ料理の皿に載っているあの飾り、といえばああ、とうなずく人も多いはず。

ここでも生徒さんに話を聞いてみたところ、タイ現地で美しく装飾されたスイカを見て、感動して学校をいろいろ探した末にここにたどり着いたという。

埼玉からはるばる通っているというその女性に、教室の魅力を聞いてみると、「やっぱり、みんなタイが好きで来ているからタイ料理の話で盛り上がれるのが楽しい。話に夢中になりすぎて手が止まると怒られちゃうけど」と楽しそうに語ってくれた。

タイ文化を普及させたいというピムチャイさんの目的は、錦糸町の片隅で着実に実を結んでいるのだ。

※「タイカービング」のコース　2014年8月現在、実施されている講座は、グループレッスン（入門〜上級）とプライベートレッスン（入門〜上級）のふたつ。料金等はタイテックのHPを参照のこと。

【日本におけるタイ料理のパイオニア】
人気老舗タイ料理「ゲウチャイ江東橋店」

ピムチャイさんが目指したタイ料理の普及、日本でその先鋒となったのがここ、タイマニアにはお馴染みの老舗「ゲウチャイ」※だ。

オープンしたのはピーケーサイアムを設立した3年後の1990年ごろ。オーナーのピムチャイさんの話では、当時日本にはまだ数えるほどしかタイ料理店は存在しておらず、ゲウチャイ以前にあったのは、今はなき日本最初のタイ料理店「チェンマイ」と、ゲウチャイとほぼ同時期にオープンした新宿の「バンタイ」ぐらいだったのではないかという。

店は錦糸町駅南口から京葉道路をタイテック方面に向かって数分歩き、タイテックより手前を右に折れた先にある。店頭にはタイでよく見かける移動式の屋台と象のオブジェ。通りの先には東京スカイツリーが見える。

店内に入ると、まず目につくのは女性客の多さだ。多くは二〜三人組だが、一人客もちらほら。店長のプラターンさんに聞くと、やはり圧倒的に多いのは女性の二人組だという。

提供する料理は、バンコク都市部の料理から、タイ東北部のイサーン料理まで幅広い。メニューをみると、実に200種類近くの料理が写真入りで記載されている。

※ゲウチャイ（江東橋店）
【住所】東京都墨田区江東橋2・15・4
【営業日】無休（年末年始を除く）
【営業時間】11〜24時
【URL】http://www.keawai.com/

ゲウチャイ江東橋店

清潔で広々とした店内（左）、キッチンではベテランコックが腕をふるう（右）

●多くの常連を生む名店の魅力とは？

これだけあるとどれにしようか迷うが、そんな時はお店の人にお勧めを聞いてみよう。

この日は、プラターンさんお勧め※のネームクルックを注文してみた。

ネームという、豚肉を発酵させて作る酸味の強いソーセージに、タイの赤玉ねぎや揚げたご飯、ナッツ、生姜、唐辛子などを混ぜた料理である。

辛さが思いのほか強烈で、食べていると次から次へと汗が噴き出るが、酸味が利いているため後味は爽快。ついつい箸が伸びてしまう。いわゆる「かっぱえびせん状態」である。夏の夕方なんかに屋外でちびちびビールでも飲みながら食べたいメニューだ。

プラターンさんにお話を伺うと、やはり錦糸町全体ではタイ人は減っており、それは客層にもはっきり表れているという。

以前は昼の客はタイ人、夜は日本人と客層が昼夜で明確

※プラターンさんお勧め
その他では、「カオクルッカピ（小エビのペースト混ぜご飯）」「トードマンクン（タイ式海老のさつま揚げ）」などもお店のお勧めとのこと。

に異なっていたそうだが、今は客のほとんどが日本人。ただ、土日になるとタイ人比率も増えるそうだ。

プラターンさんは現在45歳。25歳から店長としてゲウチャイ各店※で働いてきたというから、20年近くをゲウチャイとともに歩んできたことになる。日本で学生として勉強し、当初はタイに帰って日本語を活かした仕事に就くことも考えたが、「家族みたいな」職場の雰囲気に惹かれ、ここで働き続けることを決めたという。

オススメのネームクルック（1200円）。かなり辛いがビールにぴったり。

「ゲウチャイ　江東橋店」では、晴れた日には、外のテラス席で食事をすることができる。錦糸町の街並みを眺めながら開放的なテラス席で昼下がりにシンハーやチャーンビールなんかを飲んだりして、ほんの束の間でもタイの屋台気分を味わってみるのもいいかもしれない。

ゲウチャイのお客さんには長く通っている常連が多い。変わらない味にホッとする、と言うお客が多いというが、それはスタッフの長きに渡る変わらぬ努力によってもたらされているものなのだろう。

※ゲウチャイ各店
2014年8月現在、ゲウチャイは、「あみプレミアム・アウトレット店」「江東橋店」「目黒店」「横浜QE店」「成田店」の計5店舗ある。

【錦糸町のタイ人たちのコミュニティの場】
タイ人が通うお値打ち食堂兼食材店

日本にはもう一社、ピーケーサイアム同様にタイ食材の輸入事業を手がけ、長い間日本のタイ料理屋とタイ料理マニアの胃袋を支えてきた会社がある。錦糸町駅南口の人通りの少ない路地に店舗を構える「タイオリエント商事」だ。タイ料理好きなら、商品のラベルなどでおそらく一度はその名を見たことがあるのではないだろうか。

タイオリエント商事の本社は立川。錦糸町の店舗は、現在の会社の形になる前に、社長の横田幸雄さんがタイ料理店と輸入食材店の両方を併せ持った店としてスタートさせた。今から30年以上前のことだ。

その後、横田さんは正式にタイオリエント商事を設立。本社機能を立川に移し、錦糸町店は輸入食材店とタイ料理店を切り分け、近隣にタイ料理店「タイランド」をオープンした後、再びレストランを復活させ、「タイランドショップ」※として現在の形に落ち着いた。

現在店を取り仕切るのは横田社長の奥さんであり、タイオリエント商事の取締役でもある横田ハタイカンさん。タイ北部のランパーン出身だ。タイで横田さんと知り合い、一緒に日本に来て事業を始めた。

※タイランドショップ
【住所】東京都墨田区錦糸3-7-5
【営業日】月曜定休
【営業時間】13時～22時半（レストラン）、12～22時半（食材店）

「この店は前はもっと小さかったんですよ。で、隣の居酒屋がなくなったので広げて大きくしたんです。わたしにはいろいろなレストランで働いた経験があったし、ラーメンを作るのが得意だったので、食材店と同時にラーメンとか軽いものが食べられるお店にしたんです」

「タイランドショップ」の店内。中央には食事用にテーブルが置かれている。

もともと厨房経験があり、料理が得意だったハタイカンさんは食材の販売とタイ料理店の両輪でフル稼働。繁盛を極めたバブルの時期は、日本語学校に通ったあと「タイランドショップ」で働き、仕事が終わってから深夜配達……という超多忙ぶりで、「2時間くらいしか寝ていなかった（笑）」とか。急増したタイカラオケ店などからの需要がピークに達したころのことである。※

タイ人客は古くからの付き合いの客が多いようで、おしゃべりをしたいから、気軽に「遊びにくる感覚」で訪ねてくるのだとか。中にはママを頼って人生相談をしにくる人もいるようで、いわば「タイ人コミュニティの場」といったところだろうか。

「昔は、日本語教えて、とかよく相談されました。でも今は病院のこととか、家賃のこととか、こっち

※タイ料理店の現状
当時と比べると、やはり今はタイ料理を取り巻く環境は縮小した、という。「昔はもっと錦糸町にもタイ人が多かったんですけどねえ。タイ人がたくさんいたので、もともとはタイ人向けに始めた店だったんですよ。まだビザもしっかりしていなかったころ。そのころに比べると、今はだいぶ減っちゃいましたね」とハタイカンさん。

一番人気はセンレック（中太麺）。汁なしか汁ありから選ぶ。ルークチンというつみれなどが入っている。

での生活面での相談が多いかな。日本のお客さんもよく遊びにきますよ。『この前タイに行ってきたよ〜』とか、タイのおみやげを持って話にきてくれます※」

この取材をしたのはピークからずれた夕方で、客入りの少ない時間だったのだが、実際「タイランドショップ」に遊びに（？）くるタイ人の常連客が絶えず、麺などをすすりつつ、ママと楽しそうに会話を交わしていた。故郷からだいぶ離れた知り合いの少ない異国の地で、この「タイランドショップ」は、同じ立場の仲間と気の置けない時間を過ごせるスポットとして愛されているのである。

現在、ママは料理を気心の知れたコックに任せ、娘さんとともに店頭に立ち接客に励む。タイラーメンなどの麺類はどれも500円程度（！）と破格に安く、懐に優しい価格設定なのがうれしい。人気はやはり麺類で、センレックがママのお勧め。休日の午後、ビールでも飲みながらお勧めのセンレックでものんびりつついてみてはいかがでしょうか。

※タイランドショップの客層
昔はタイ人の客が80％を占めるほどだったというが、錦糸町からタイ人が減ったことに加え、スカイツリーができたことでふらりと立ち寄る日本人客が増加。いまではタイ人客よりも、むしろ日本人客が多いぐらいだとか。

まるでムエタイ？ タイ古式マッサージ

【駅からすぐ、タイ人も通う本格マッサージ店】

「タイランドショップ」を出て歩くこと数分。やや道幅の広い通りをスカイツリーめがけて歩いていくと、通りの右側に、タイ文字と、気持ちよさそうに寝ている女性が描かれた看板がレンガ造りのビルの前に出ている。そのビルの二階が「タイ古式マッサージ」の店、「ポンガン」※だ。ここ「ポンガン」は「タイランドショップ」のママに教えてもらったお店。近隣でお勧めのタイマッサージ店はどこか聞いたところ、スタッフがみなベテランで腕がいい、とこちらを紹介していただいた。

●痛みと快感を備えた肉体メンテナンス

ビルの階段を上り、重厚な趣のある木のドアを開けると、まずワイ（合掌）する仏様（の置物）がお出迎え。壁には木彫りのインテリアや水上マーケットの写真、象のレリーフ……と、ドアの内側に足を踏み入れた瞬間からタイの雰囲気を満喫できる。微かに日本の匂いを漂わせているのは、入り口の陰に隠れるようにひっそりと置かれた招き猫ぐらいか。

まずは入り口奥のソファに座って簡単なカウンセリング。その後、パジャマに着替え、い

※ポンガン
【住所】東京都墨田区錦糸3-10-1 桐越ビル2F
【営業日】無休
【営業時間】12時～翌3時
【ＵＲＬ】http://phongen.net/

「ポンガン」入り口。HPを見て内容や料金をあらかじめ選んでおくのもよし。

よいよマッサージ開始だ。この日選んだのは65分4000円の標準コースである。※

照明がぼんやり灯る、薄暗い部屋でエスニック柄の布団に寝転びマッサージ開始。施術を担当してくれるのはエリーさん。「ポンガン」の店長でもある。

タイマッサージは「二人でするヨガ」とも言われるように、施術者とお客が共同作業するような形で進んでいく。指圧が基本だが、随所でしばしばストレッチが入ったりして、ただそこに寝ていればあとは眠ってもオーケー、という普通のマッサージとは少々趣きが異なる。マッサージが進んでいくと、両腕を引っ張られて上体を反らされたり持ち上げられたり、だいぶアクロバティックな格好を取らざるを得ない局面も出てきて、こうなるとほとんどヨガというよりプロレスである。これ、ロメロスペシャルじゃなかったっけ？

また、指圧の仕方も手のひら全体を使うものもあれば親指を使うもの、足の裏を使うもの、さらに肘、膝……と実に多種多様。エリーさんが「タイマッサージはムエタイに似ているかも

※ポンガンのコース
ちなみに「ポンガン」でのタイ古式マッサージのコースは「全身65分マッサージ＋フットケア40分」のAコースから「全身130分アロマオイルケア＋フットケア40分」のJコースまで、施術内容と時間によってさまざま。時間がない人やタイマッサージ初体験の人はまずは標準コースあたりから始めるといいかも。

店長のエリーさん

しれませんね」と言っていたが、その意味もわかるような気がする。指圧も思った以上に力強く、施術中、思わず何度か「ジェップ！」※と叫んでしまった。タイ古式マッサージとは痛みと快楽の両方を備えた、「アメとムチ」式の肉体メンテナンスなのだ。

壁には装飾品などが掛けられアジアな雰囲気。お客は日本人が中心で、相撲取りが来ることもあるとか。

●錦糸町のタイマッサージ事情

ひと通り施術を終えたところで、エリーさんに錦糸町界隈のタイマッサージ事情について伺った。

タイ現地で古式マッサージの資格を習得したエリーさんが錦糸町で「ポンガン」を始めたのは２０１２年のこと。もともとこの場所は違うタイマッサージ店が入っていたが、オーナーが店を辞めることになり、後を引き継いでリニューアルオープンしたという。ご主人は日本人で、タイで知り合い結婚して20年ほど前に一緒に日本にきた。

「私が働き始めたころ、北口にタイマッサージ店は4、5軒しかありませんでしたね」

それがいまでは、ちょっと路地に入れば1軒は見つかる状態である。つまりここ数年で急増した

※ジェップ
タイ語で「痛い！」の意。ちなみに痛くない場合は「マイジェップ」、気持ちいい場合は「サバーイディ」などと表現する。

わけで、大幅に規模が縮小したタイカラオケ店界隈とは真逆の道を辿っている。

その辺の事情を伺うと、「タイマッサージ店はつぶれにくい」ことが一因にあるのでは、とのこと。飲食店と違い、マッサージ店は施術スペースさえあればよく、特別な器材や設備も不要だ。いわば運転資金のストレスが飲食店より軽い、相対的に参入障壁※が低いジャンルなのだ。「ポンガン」を始めるにあたっても、ご主人に保証人になってもらい必要書類を提出した翌日には、すぐに許可が下りたという。ただ、近年は不景気の影響やタイマッサージ店が急増したことで数年前に比べると客足は落ちているらしい。

「スカイツリーができてから一時的に外国人のお客さんも増えましたが、今はほとんど関係ありません」。今では同業店が乱立し、いささか過剰供給気味ともいえる状況にあるが、そうした中で差別化を図るには、やはりマッサージの腕そのもので勝負するしかない、とも。

「終わったあとにイマイチだった顔をされると申し訳ない気持ちになりますから、一生懸命、真面目にやるだけ。気持よくなって帰ってもらえると嬉しいですね」とエリーさん。

ただ、マッサージ店、それもアジア系だと良からぬ勘違いをしてくる客もいたりして、苦労※は多い。「ポンガン」では公式HPや店頭の張り紙などで純粋なマッサージ店であることをアピールしているが、やはりこの種の悩みはある程度つきもののようだ。ストレスが溜まることも多々あるが、そんなときは友達のタイ居酒屋に行き、ご飯を食べて酒を飲み、「歌ったり踊ったりして（笑）」日頃の疲れを癒しているのだとか。

※参入障壁の低いジャンル
もっとも、シーツやタオル類のクリーニングは毎日必要だしその分のコストはかかるのだが……。

※苦労は多い
以前は、酔客や風俗店と思い込んでくる客もしばしばいたという。

錦糸町駅前のディープ・アジアな青果店

【タイやフィリピン、中国などアジア全般の食材が揃う】

南口エリアに移動する道すがら、北口駅前のある食品店に立ち寄った。錦糸町だけで3店舗を構えるその店の名は、※「アジア食材卸問屋　ヤオショー」。タイはもちろんフィリピン、中国、韓国……と、その名の通りアジア食材全般を扱う、錦糸町界隈のアジア好きのニーズに応え続ける人気店である。

駅前北口の、駅と平行に走る通りを渡って道路沿いを少し歩くと、なにやら人が蝟集《いしゅう》している一角がみえてくる。何だろう？と近づいていくと、店頭には空芯菜やらトマトやら、夥しい数の野菜とフルーツ。その陳列は隣の路地の奥までびっしり続いている。

ふと看板を見上げると、そこには大きく赤文字で「ＡＳＩＡ」と描かれ、その隅に、申し訳程度に「ＹＡＯＳＨＯ」と店名が。つまり店名より「ＡＳＩＡ」がメインなのだ。

店内を覗いてみると、買い物客の大半は東南アジア系をはじめとする外国人。外の路地ではフィリピンやタイの子どもらが走り回っている……なんだか自分がどこにいるのかわからなくなりそうだが、これが「ヤオショー」の通常の店頭風景である。

店内もまた東南アジア色全開。縦長の店内には中央に野菜類。入り口を背に右側の棚にはコ

※アジア食材卸問屋　ヤオショー
【住所】東京都墨田区錦糸1-4-11
【営業日】無休
【営業時間】10時〜21時

コナッツやフルーツなどの瓶詰めが、左側の棚にはナンプラー※やタイの醤油、タイの米麺、そして調理油や甜麺醤などの中華食材が隙間なく置かれ、さらに奥へ進むと韓国のインスタント麺やトッポキ……。人混みをかき分けて最深部までようようたどり着くと、そこは冷蔵庫コーナー。肉のいろいろな部位が大きな塊で詰め込まれ、買われるのを待っている。レジ前にはホーリーバジルやスイートバジル、レモングラス、タイ生姜、タイ野菜にコブミカンの葉、そしてソムタム用の青パパイヤや激安のタイマンゴー。これらが決して大きくはない店内（と店外）に所狭しと並べられているのである。東南アジア好きには垂涎モノの光景だ。

●ヤオショーが見た錦糸町のいまむかし

それにしても、いったいなぜこのような食材店が作られたのだろうか。「ヤオショー」を運営する、有限会社平正商店で代表取締役社長を務める佐藤昌樹さんにお話を伺った。

——こちらはいつごろオープンしたんでしょうか。

佐藤氏：「ヤオショー」は現在錦糸町に3店舗あるんですが、ここが最初に開店した場所で、今から30年前のことです。会社自体は先代が昭和34年に始めました。そのころは江戸川区の平井に本社があったのですが、お客さんがだんだん錦糸町に集まっていったので、こちらに拠点を移しました。

——なぜ錦糸町にこれほどタイ人や他の外国人が増えたのでしょう。

※ナンプラー
魚を発酵させて造る醤油に似た調味料。ベトナムではニョクマムと呼ばれる。

佐藤氏：1990年ごろ、オーバーステイの外国人がたくさん日本に入ってきたんです。バブルの終わりの頃でしょうか。繁華街は非常に忙しくて、飲み屋を開けばどこも大繁盛で忙しい。で、タイやフィリピンの女性を雇うスナックやパブが錦糸町にもたくさんできたんですね。

「アジア ヤオショー」。カラフルな看板に「ASIA」の文字がインパクト大。

そのころは、南口は繁華街なので、※外国人が住むのは北口、と住み分けができていました。南口で仕事をして、静かな北口で生活する、というわけですね。

――押上というと、スカイツリーができましたがこの辺りも人は増えたんでしょうか。

佐藤氏：人は増えましたが、スカイツリーはあまり関係ありません。この20年ぐらいで日本人と結婚する外国人の方がたくさん増えました。でも、全体的な数で言えば、外国人の数は少なくなったと思います。一時はタイ人が日本中で10万人ぐらいいたはずですが、今はおそらく2万人いるかどうかでは。

一番の原因はオーバーステイでしょう。2005年ぐらいを境に入管が一気に厳しくなりました。そのとき、唯一減らなかったのがフィリピン人。フィリピンの人は※イミテーション結婚などをしたから減

※外国人が住むのは北口
佐藤氏によると、南口は高速道路を超えるとすぐ他の駅があって家賃が高いが、北口は押上までいくしかない立地なので家賃が安いのだという。

※イミテーション結婚
いわゆる偽装結婚のこと。日本国籍を取得するために、日本人男性と入籍をする。夫となる日本人男性はブローカーなどを通じて紹介されることが多いとされる。

「ヤオショー」の店内は常に大混雑だ。奥にはハーブや肉類もどっさり。

りませんでしたが、タイ人にはそういう考えがなかったんですね。それでみんな帰っちゃいました。これは国民性の問題だと思うんですが。

――ところで、お店ではアジア系の方がたくさん働かれていますが、どうやって募集しているのでしょう？　口コミとか？

佐藤氏：お母さんが東南アジア出身でお父さんが日本人、という子どもたちです。きちんと学校を卒業する子が少ないので、なかなか仕事がない。で、お母さんが昔から買い物してくれる知り合いだったりするので、「ここで働かせてくれないか」と訪ねてくる。それなら、学校感覚できなよ、と。ここで日本のマナーとかルールを教えるわけですね。

――なるほど……ところで、いったいいつからこうした品揃えになったのでしょうか。

佐藤氏：15年ぐらい前からでしょうか。2000年ぐらいに、大口のレストランのお客さんがタイ人向けレストランを始める動きが増えてきたんです。それで、※こういう食材を集めて欲しい、とニーズがあって始めたのがきっかけです。いまでは品目数で言うと、6：4ぐらいで

※こういう食材を集めて欲しい
当初は東南アジアの食材集めに苦労したという佐藤さん。いまではフィリピンの食材は現地のブローカーと共同で輸入会社を設立して調達し、タイの食材は専門商社から仕入れているという。最近ではフィリピン料理に使うグリーンパパイアを輸入し、タイの商社に逆に納めているそうで、佐藤さんが卸したグリーンパパイアが日本中に出回っているという。

外国の物が多いですねえ。人気商品はココナッツジュース。これはタイ、フィリピン、どこの国の人でも関係なく好まれていますね。

——最近のアジアマーケットの動向はどうなっているのでしょう。

佐藤氏：アジアマーケットという感覚でみると、お金を遣う人が減っているので、やはり少し大変かな、という感じがします。ただ、みなさん一人ひとりは非常に気のいい人が多いですね。タイの人なんか、品物を並べていると気軽に声を掛けてくれて。

この線路を超えた向こう側に学童※があって、小学校三年生ぐらいまでは学校の授業が終わるとそこに行く子が多いのですが、私がここで品物を並べていると、「早く行くぞー！」とか子どもの大声が聞こえてきたりして。パッと見ると、イントネーションは日本人なのにどうみてもハーフの子だったり。ロシア系、中国系、韓国系、インド系、タイ系、フィリピン系……そういう子たちがみんなでわ〜っと走っていきます。

そこの学校の先生に聞いてみたら、ひとクラスに

ハーブ類やタイのしょうが（カー）、レモングラスなど。どれも驚くほど安い。

※学童
学童保育のこと。日中、働きに出ているなど親が不在の家庭の子どもを集めて、遊びなどを教える施設。

何人もハーフの子がいて、日本語と韓国語、日本語とタイ語、日本語とフィリピン語……と、バイリンガルの子がいっぱいいるんですね。親がフィリピン人同士だと子ども同士もフィリピン語でしゃべり、そこに日本語をしゃべる別の子が混じると、全員日本語をしゃべるんです。ああ、錦糸町ならではだなあ、と思いますね。

「お店のウリは、やはり安いこと」と佐藤さん。

「先代が言っていたのですが、どうしても外国の食材というとおみやげ感覚の値付けになりがちですが、我々の商品を買ってくれる人は、やっぱり現地の人が多いから、現地の人たちを大切にしなければならない、と。それに商品が安いと、お客さんが口コミで他のお客さんを連れてきてくれます。たとえば学校行事に参加したお母さんがママ友を連れてきてくれたり。タイの方とフィリピンの方と日本の方が四～五人で買いにきてくれて。タイの方がタイの料理を教えてあげて、フィリピンの方はフィリピンの料理を……とママ友の輪があるんですね」

今では、店頭で売り始めた外国人向けの安い果物や野菜が評判になり、日本人と外国人の客層は五分五分だ。以前は9割が外国人客だったというから、いかに日本人客※が増加したのかがわかる。「変わった食材ならヤオショーに行け」とまで言われているとか。

佐藤さんにお話を伺ったお礼を言い、自宅でガパオ炒めでも作ろうかなと材料を買いに店に戻ると、東南アジアの食材がぎっしり詰まった店内に、依然変わらぬ人混みと行列。まるでバンコクのスーパーのようなアジア感溢れる光景である。錦糸町に来たらぜひ足を運んでみて欲しいスポットのひとつだ。

※日本人客が増加
現在、「ヤオショー」ではフィリピンやタイからコンテナで食材を輸入し、日本全国へ届けている。最近は遠方のお客から電話で受注して届ける、いわゆる通販の売り上げも拡大の一途を辿っているという。日本全体で外国人が減っているため地方の食材店が店をたたむケースが多く、新たな入手先として「ヤオショー」に発注してくるわけだ。いまや通販はお店の基幹業務のひとつだという。

【タイ居酒屋、タイパブ……錦糸町の夜を歩く】
魅惑の錦糸町ナイトツアー

南口の丸井の裏側から京葉通りを渡り、墨東病院※方面に歩いて数分。

この錦糸堀公園周辺のエリアは「花壇街」と呼ばれ、公園を中心に、パブやスナック、それにラブホテルなど、いわゆる「夜の店」が多く集まっている。

以前はこの辺り一帯に多くのタイカラオケ、タイパブの店があったというが、今はオーバーステイなどの問題で、その大半が閉店してしまったという。前述したように、どこか寂れた雰囲気が漂っていて「歓楽街」というノリは薄い。なんとなく退廃的なのだ。

そんな中で、目立つのは韓国系の店。焼肉屋などのレストランはもちろん大型の韓国食材店なども点在しており勢いを感じるが、よくよく観察してみるとタイ関連と思しきレストランやパブもちらほら。道端にはタイマッサージ店の看板も見える。

●現地感満載のタイ居酒屋

三角公園前の雑居ビルのエレベーターを5階まで上がり、右手のドアを開けると、薄暗い店内から妖しい灯りが漏れる、カラオケパブのような光景が広がっている。

※墨東病院
墨田区の地域医療を支える都立病院。病床数772。精神科の救急患者の受け入れも行っている。

「サンゴ」の店内。奥にはワイ（合掌）する像と、カラオケマシンも見える。

ここが「※タイ居酒屋 サンゴ」だ。店内は入り口から想像していたよりもずいぶん広く、40人以上は楽に入りそうなキャパシティ※である。

この日は入店した時間が早かったため、店内にはまだ客は男女のカップル1組しかいなかった。聞けば、ピークタイムは周辺のお店の女の子などが仕事を終えてやってくる深夜1時（！）過ぎで、そこから朝までワイワイ歌って踊って盛り上がるのだそうな。20時あたりだとまだまだ序の口なのである。

とりあえず、話がしやすいカウンター席に座り、タイのビールと料理を注文。ぱらぱらとメニューをめくってみると、イサーン料理を中心にその数70種類以上はある。※ヤムだけでも10種類以上だ。中には鶏の足のサラダなど、あまりよそではみかけないものもある。いなごの唐揚げ（タカテントート）なんかもあり、見ているだけでテンションが高まるラインアップである。

この日注文した料理は※カオガパオムー。炒めた肉の匂いと爽やかなバジルの香りが漂っていて、辛いが実に後をひく。厨房で腕をふるっているのはピーポンさん。キャリアが長く、以前、

※タイ居酒屋サンゴ
【住所】東京都墨田区江東橋4-18-7 興亜ビル5F
【営業日】無休
【営業時間】18時～翌6時

※サンゴのキャパシティ
スタッフのカムさんによれば「先日は43人が入って貸切パーティーをやった」んだとか。

※ヤム
タイのサラダ類。

※カオガパオムー
豚肉のバジル炒めご飯。タイ料理の定番メニューだ。

厨房で腕を振るうピーポンさん（左）、ホーリーバジルのワイルドな香りが漂うカオガパオムー（右）

浅草橋でタイ料理店を開業していたこともあったというベテランのコックである。

ピーポンさんから話を聞きながら料理を食べていると、少しずつお客さんが増えてきた。みなタイ人の女性で、酒を飲み、好きな料理をつつきながら会話に花を咲かせている。「ポンガン」のエリーさんが言っていたように、ストレスを解消しに、癒しを求めてくる人も多いに違いない。

中には、ひとりでふらりときてピーポンさんらと話し、料理だけ注文して去っていく客もいる。聞いてみると、同じビルの下の階のタイパブで働いている女性で、そのお店※で食べる料理を注文しにきているのだとか。パブのお客さんを「サンゴ」に連れてくるケースも結構あるそうだが、「サンゴ」がお客さんをパブに紹介するケースもあったりで、いわば相互供給というか、同じビルで働く店同士の協力関係ができあがっているわけだ。

せっかくなので、カムさんの案内で下の階のタイパブに寄ってみることに。ママさんには取材できていることなどを説明してくれるというので、こちらとしても願ったり叶っ

※お店で食べる料理を注文
都内のタイパブは料理が一皿あたり１２００円から１５００円程度のケースが多い。普通（?）のタイ料理店と比べるとやや割高だが、中にはびっくりするくらい感動的なクオリティーのタイ料理が出てくることも。料理目当ての客とカラオケ目当ての客、それに仕事帰りのタイ人が混在して不思議な空間を形成していたりして面白い。

たりである。また今度、お店が盛り上がる時間に遊びにくることを約束して「サンゴ」をあとにした。

●三角公園前のタイパブに突入

「サンゴ」を出て、エレベーターで2階まで降りると、目の前の木のドアには大きくこう書かれている。「くるみ」※……ん、日本語? ドアにタイ国旗のステッカーが貼られていなければ、おそらくタイパブとわからず引き返していただろう。だが、ここは正真正銘のタイパブ。店内のホステスさんたちは全員、100%タイ人である。聞けば、店名の「くるみ」とは単にママさんが以前働いていたお店での名前だそうな。だがビルの看板にもひっそりとタイ国旗のマークが付いているだけなので、常連客でなければなかなかここがタイパブとは気づかないかも……。

店内は「サンゴ」ほど広くはないが、30人は余裕で入るキャパシティ。ソファが周囲の壁に沿ってぐるりと配置され、薄暗い空間にカラオケ用のモニター。ホステスさんがタイ人女性であることを除けば、いわゆる通常のパブである。

この日隣に座ってくれた女性はモッさんとドワンさん。いずれもタイのチューレン（あだ名）である。ただ、お店での名前は「ひろみさん」※、「まさみさん」だという。

焼酎で乾杯し、とりあえずいろいろ話を聞いてみることに。ドワンさんは日本にきて8年。ただ、日本でずっと働いているというわけでもなく、タイ※と日本を半々で行き来しているのだ

※くるみ
料金は1時間5000円。もちろん女の子が隣に座ればドリンクを奢ることになるので5000円ぽっきりというわけではないが、1万円ほどあれば十分遊べる設定だ。

※「ひろみさん」「まさみさん」
「くるみ」では、なぜか働く女性の源氏名を日本名で統一している。

タイパブ「くるみ」。夜の店のお約束で中は見えない。

とか。日本では千葉でお姉さんと暮らしている。お姉さんが居酒屋を開いているので、休みの日はお店を手伝っているという。

　お店の女の子はみんな日本語がペラペラなので、会話は日本語オンリー。ドワンさんも流暢な日本語を話すが、本人に言わせると「お店で一番ヘタ」（！）なんだとか。日本語の勉強は、日本の歌を聞いたり本を読んだり。それにお客さんに教わるなどして覚えたそうだ。

　この日、店内は満席で、お客は全員日本人男性。カラオケでは日本の演歌やタイのアイドルソングが次から次へと流れていく。タイパブというと何となく怪しいイメージがあるかもしれないが、「くるみ」は終始アットホームな雰囲気で、みなリラックスして楽しんでいる（ようにみえる）。

　酒を飲んで、女の子と楽しく話して、カラオケで歌って、頼めばタイ料理も食べられる。もし、タイパブ未経験だけど興味がある……という人がいれば、まず錦糸町あたりのタイパブからチャレンジしてみるのもいいかも？

※タイと日本を半々で行き来している
「寒いのが嫌いだから、冬になるとタイに帰っちゃう（笑）」とのこと。

【錦糸町を知るインタビュー】

錦糸町からタイの文化を広げる

タイ教育・文化センター理事長
タイ食材輸入会社「ピーケーサイアム」代表取締役
タイ料理店「ゲウチャイ」オーナー
松本ピムチャイさん

●錦糸町を選んだのは成田に近いから

私が「タイ教育・文化センター（タイテック）」を作ったのは、日本人のため。旅行や仕事でタイに行く人がここでいろいろ勉強ができるように、と思ったのがきっかけです。たとえば、転勤でタイに行く人は、タイの文化を勉強しないといけません。行く前にいろいろ知っていたほうが、行ってから住みやすいですからね。

よく「なんで錦糸町を選んだの？」と聞かれるんですが、それは商売上、輸入貨物が多いから。錦糸町は成田空港からのアクセスが便利で、道が混まないから食材を新鮮なうちに運べます。地価の安さも魅力でした。たとえば、新宿などは地価も高いですよね。錦糸町はスカイツリーができたことで若干高くはなっていますが、それでも安い。

日本に来て、まず初めにつくったのが「ピーケーサイアム」（タイ食材輸入会社）でした。私が日本に留学に来たのが1976年のことで、当時はタイの食材はどこに行っても買えず大変でした。それでタイの食材が手に入るように、今から27年前に輸入業を始めたんです。

いまではタイ料理店もだいぶ増えましたが、実はもっと多い時期があったんですよ。それがいまから10年ぐらい前。当時はサラリーマンの方の接待なども多かったので、タイ料理店を貸し切ってパーティーをする会社がたくさんありました。

一時はタイ料理店をやってみよう、という日本の企業もたくさんありましたね。ただ、本場の味をちゃんと伝えられるコックさんを見つけることは、とても難しい。タイのコックさんの中には、日本に長くいると気持ちが変わって逃げちゃったりするケースが多いんです。コックさんだっ

【松本ピムチャイさん】タイ・バンコク出身。1976年に来日し、87年に錦糸町でタイ食材輸入会社「ピーケーサイアム」を設立。その後、タイ料理店「ゲウチャイ」を開店し、人気店に育て上げる。現在はタイ教育・文化センターの理事長としても活躍。タイ文化の普及に力を注いでいる。

て、日本に来たばかりの頃は一生懸命がんばって働きたい、と思っているんです。でも、日本で暮らしているといろいろな人と知り合うから、変な誘惑も多くなって、それで逃げちゃう。「ゲウチャイ」でも入って6カ月で逃げた人がいました。タイ料理店が増えないのはこの苦労が大きいからだと思います。

そういう背景があって、このタイテックを作ることにしたんです。日本人のみなさんにタイ料理を習ってもらって、コックさんになってもらえば、日本にもどんどんタイ料理店が増えるでしょ。今、「タイテック」の「プロ養成コース」を受講している学生さんは今年中にタイ料理店をオープンするつもりで勉強しています。ここを卒業してタイ料理屋をオープンした人もいますよ。

●オーバーステイでタイ人が一気に減った

錦糸町エリアに住むタイ人は一時期に比べると少なくなりましたね。たとえば、タイ人が集まるカラオケ店も昔はたくさんあったのですが、今はだいぶ減りました。なくなったタイ料理店も多いです。

タイ人が一番多かったのはやっぱり10年くらい前。その後は、2011年の震災の影響もあったし、日本の景気の問題もあるしで、新しい人があまり入ってこなくなりました。それでも、他の街と比べると多いことは間違いありませんが。

錦糸町にタイ人が多いのは、千葉や横浜に行くのに便利ということもあるし、家を借りやすいことも大きいと思います。他の区よりも外国人がアパートを借りやすいんですね。それが口コミで広まって集まってきたんです。大家さんも「タイ人はちゃんと家賃を払ってくれる」と言っています（笑）。ウチの会社のコックさんや（「タイテック」の）先生もこの辺りにたくさん住んでいますよ。

でも、タイ人に限らず、外国人はこれからもっと住みにくくなるかもしれません。

新しいタイ人が入ってこないのは、オーバーステイしたことがあると再入国できないからなんです。一度でもオーバーステイしてしまうと、タイに帰ってから日本に戻ってこられないんです。

日本とタイの法律は異なっていて、たとえばタイにもオーバーステイしている日本人は多くいますが、罰金を払うだけ。でもタイ人は一度オーバーステイしてしまうと最低でも5年は入ってこられません。

日本では、数年前からオーバーステイした人の指紋を採るようになっていて、記録が消えるまでに5年以上かかると聞きました。昔は指紋制度がなかったので、名前を変えてパスポートを取れば戻ってくることができました。でもここ数年で指紋を採るようになり、それができなくなった。一度震災の時にみんな帰って、それで戻ってきたくても戻ってこられないわけです。いま日本にいる人は、国際結婚しているか、留学生か、労働ビザで働いている人のいずれかでしょう。

●日本にタイ料理店をもっと増やしたい

「ゲウチャイ」は「ピーケイサイアム」を作った流れでオープンしました。「ピーケイサイアム」を設立してから3年後ぐらいかな。「ゲウチャイ」は全部「ピーケイサイアム」が輸入した食材を使っています。

でも、最近は農薬関係が厳しくなって大変。今後はもっと厳しくなると思います。たとえば農薬を使わないと、輸送中に虫が出ますよね。虫が出ると日本では燻蒸しないといけない。でも、今後は日本での燻蒸がなくなるんです。

ピーケーサイアムを通じて輸入されたタイ食材の数々

そうするとタイに積み戻さなければならなくなって、費用がすごくかかる。日本でタイの野菜を栽培しようにも夏の間しかできないので難しい。そうなると冷凍モノしか使えなくなってしまうので、今は別の道を考えています。

本物の材料がないとタイ料理とは言えないので、食材集めは今でも一番苦労している部分です。でも、最近では普通のスーパーでもタイの食材を見かける機会が増えてきました。たとえば、ナンプラーなどは各家庭に常備されるようになってきていますよね。タイの食材や調味料が広まっているのは、とてもうれしいですね。

タイ料理の魅力は、メニューになくても注文することができること。タイ料理のお店には肉と魚、野菜などの材料が全部常備されているので、その気になればなんでも作れるんです。ただ、メニューをいっぱいにするとお客さんも悩んでしまって大変だから、あえて載せていないものもあるわけですね。

料理の仕方も同じく、いろいろ注文してオーケー。数人で来て、中にパクチーが苦手な人がいれば、パクチーを入れないでそのまま持ってきてもらって、各自が好みで入れるようにするとか。どこの店でも、好きなように注文して

本格的なタイ料理を学べる「タイテック」。ここを巣立っていった日本人シェフも多い。

いいんです。たとえばソムタム（青パパイヤのサラダ）も、「もっと辛いのが食べたい」と言って作り直してもらうこともできます。自分の好みを言って作ってもらうのは、タイでは当たり前のことなんです。

「タイテック」は、将来的には、日本のみなさんの「タイの物を買いたい」というニーズに応えられるようにしたいです。タイの情報をたくさん入れて、もっとみんなのためになることをやっていきたいですね。タイの食材や商品といってもどんなものがあるのか、なかなかわからないと思います。だから、タイの食材を輸入したいという人向けに「タイテック」の中にタイの物品を紹介するスペースを作ることも考えています。

　タイ料理の店も、もっと増やしていきたいです。そしてもっと多くの日本の若者たちに勉強にきてもらって、タイ料理のシェフになってもらいたいですね。そして、そこからタイの食材を日本中に広げていきたい。イタリア料理や中華料理のお店で日本人が料理を作っているのは珍しくありません。タイ料理もそれぐらいにしたいですね。そして一般の家庭でもタイ料理を作ってもらえるようにしたい。これからもその気持ちで頑張りたいですね。

【第二章】

学生街の中のリトルヤンゴン〜高田馬場

高田馬場ミャンマータウン 地図

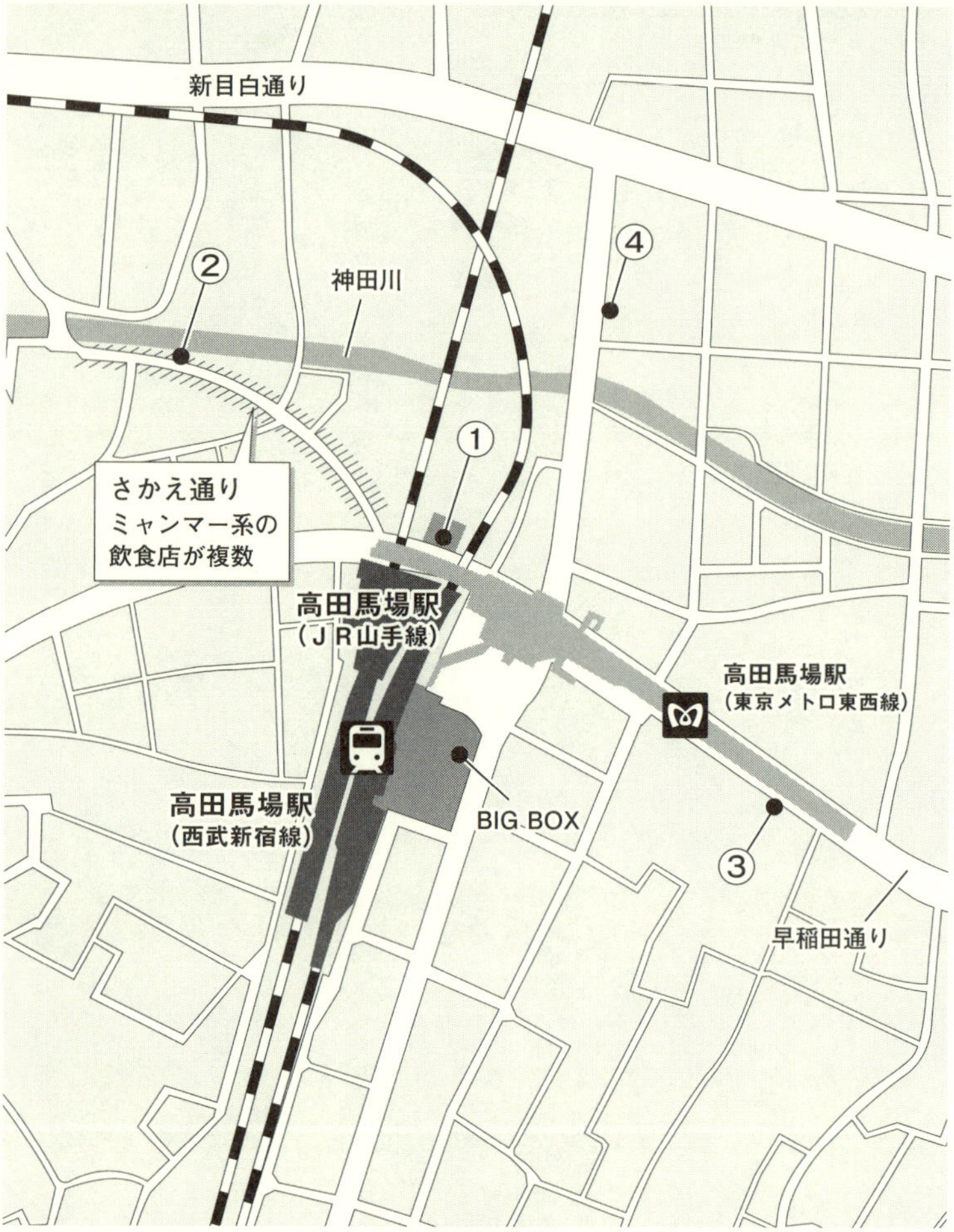

①駅前にあるミャンマービル「タックイレブン」（→ 47 ページ）

②豊富なメニューのミャンマー料理店「スィゥ・ミャンマー」（→ 56 ページ）

③ミャンマー人美容師の店「KOKO ATTRACTION」（→ 60 ページ）

④ミャンマー語が学べる「日本ミャンマー・カルチャーセンター」（→ 64 ページ）

ＪＲ山手線を降りてホームを歩いていると、耳に入ってくるのは聞き慣れた鉄腕アトム※のメロディ。駅を出ると目の前のロータリー広場には大学生サークルの集団。駅前のビルの看板にはゴテゴテと派手な色の学生ローンの看板に、パチンコ屋、携帯ショップ、カラオケ店、ファミレス、牛丼屋……。いつ来ても変わらない、見慣れた高田馬場の風景である。

高田馬場は全国屈指の学生街だ。早稲田大学を筆頭に、大学や専門学校、予備校が多く並ぶ。さらに近年は早稲田通りを中心に多くの有名ラーメン店が軒を連ね、ラーメン激戦区としての顔も全国的に広く知られるようになった。おそらく、高田馬場といえば、まずこのふたつのどちらかを思い浮かべる人がほとんどなのではないだろうか。

だが、実はもうひとつ、高田馬場には関東エリアの東南アジア好きを惹きつけてやまない第三の「裏の顔」がある。

その答えは早稲田通りを、もしくは駅前の商店街を歩いてみればすぐにわかるだろう。

早稲田通りを歩けば、ラーメン屋や中華料理屋、タイ料理店に交じって見えるミャンマー料理店の看板。駅を出てすぐ目の前に現れるビルには、1フロアになぜかずらりと並ぶミャンマー食材店。ときおり目にする赤紫色の法被を身にまとったお坊さん……これが「学生街」「ラーメン激戦区」に並ぶ高田馬場の第三の顔。高田馬場は「リトルヤンゴン」と形容される、東京の「ミャンマー人街」なのだ。

日本にミャンマー人が増えたのは、1988年にミャンマーで民主化運動が大規模化して以降のことだ。当時、日本でも知名度の高いアウンサンスーチーさんらを中心に、民主化を求め

※**鉄腕アトムのメロディ**
ＪＲ高田馬場駅の発車メロディに「鉄腕アトム」が使われている理由は、手塚プロダクションのオフィスの最寄り駅で、原作に登場する科学省が高田馬場にあったことなどから。手塚プロダクションのスタジオがあるＪＲ武蔵野線新座駅の発車メロディにも「鉄腕アトム」が使われている。

る大衆運動がミャンマー（当時はビルマ）国内で本格化すると、政権を握った旧軍事政権が民主化勢力の弾圧を開始。民主化運動に従事していた人々が迫害から逃れるため、日本など周辺諸国へ難民として亡命した――ごく簡単に言ってしまうと、これが高田馬場に「ミャンマー人街」ができあがるまでの大雑把なストーリーである。

※日本ミャンマー・カルチャーセンター（ＪＭＣＣ）で代表を務めるマヘーマーさんによると、ミャンマー人はもともとは高田馬場ではなく、同じ新宿区の中井※に多く身を寄せていたという。だが、多くのメディアがそうした状況を取り上げたことで、それまで「お目こぼし」を続けていた入国管理局も黙っているわけにはいかなくなり、中井のミャンマー人の多くが取り締まりに遭う事態に。新たな生活環境を求めてミャンマー人が続々と高田馬場に移動した結果、現在の街の形ができあがったという。

現在、高田馬場には少なくとも20数軒のミャンマー料理店があり、一説によると５００人以上（１０００人とも言われている）のミャンマー人が住んでいるという。

私事だが、たとえばタイ料理についてなら人並み以上に食べてきた自負はあるものの、正直言って、ミャンマー料理については料理名を３つあげるのもおぼつかない。使われている食材や調味料の名前などは推して知るべしである。

だが、だからこそ高田馬場を歩くことは楽しい。

未知との遭遇、と言うと大袈裟だけど、新鮮な驚きを与えてくれるであろう期待は尽きることがない。高田馬場は新宿から数分で遊びにいけるワンダーランドなのである。

※日本ミャンマー・カルチャーセンター（ＪＭＣＣ）
64ページ参照。

※中井
新宿区の中西部に位置する街。住所では、新宿区中井一丁目、中井二丁目にあたる。江戸小紋などの伝統的な染色を行う工場が多く、毎年、街を挙げて「染の小道」というＰＲイベントを行っている。最寄り駅は、西武新宿線中井駅。

【アジアな店がひしめくリトルヤンゴンの総本山】
潜入！ ディープなミャンマービル

ＪＲ高田馬場駅を出て、駅前のロータリーで学生に混じりながらぼんやり北西の方角を眺めていると、早稲田通りを挟んだ北西の方角に灰色のビルがそびえ立っているのが見える。11階建てでこの近辺ではそれなりに高さがあるものの、どこにでもある地味な外観なので、このビルがいったいどのようなビルなのか、特に興味を掻き立てられるという人はそれほど多くないだろう。

だが、ちょっと足を踏み入れてみると、そのビルが普通の「どこにでもある」ビルではないことに気づくはずだ。エレベーター前の掲示板を見てみると、1階から11階までの各階に、ミャンマー料理店、食材店、旅行代理店の店名。エレベーター待ちをしているのは、ミャンマー人の客や従業員……。

実はここ「タックイレブン（ＴＡＫ11）高田馬場ビル」※は、高田馬場エリアに住むミャンマー人の生活を支える「ミャンマービル」。ミャンマーに関するさまざまな物が揃う、〝リトルヤンゴン〟高田馬場を象徴するランドマークタワーなのである。

※**タック11高田馬場ビル**
ＪＲ高田馬場駅の早稲田口を出てすぐ目の前。エレベーターはビルの左の路地に面した場所にある。
【住所】東京都新宿区高田馬場2-19-7

高架の奥の黒っぽいビルが「タックイレブンビル」。駅から徒歩１分の好立地だ。

●高田馬場で味わう秘境の味「ノング・インレイ」

さて、ミャンマービルの内部はいったいどうなっているのだろうか。タックイレブンは1階部分が飲食店街に、2階から11階が店舗・オフィス階になっている。

中に足を踏み入れてみると、両脇に飲食店が並ぶ内部は全体的に薄暗く、なんとなく怪しげな雰囲気が漂う。

店々の看板を眺めながら奥の方に進んでいくと黄色い看板が目に留まった。看板の中央には、独特な形状のビルマ文字が躍っている。

ここが※「ノング・インレイ」。高田馬場きっての老舗ミャンマー料理店にして、ミャンマー東部に住むシャン族の料理を出す、日本でも数少ない「シャン料理店」である。

店主の山田泰正さんはラオス出身のシャン族。ミャンマーで育ちヤンゴンの大学で学び、卒業後に再びラオスに戻ったが、ベトナム戦争が勃発。※ラオスの共産主義化に危機を感じて脱出し、タイの難民キャンプで8年過ごしたのち、※32年前に来日する。その後、難民認定を取得し、

※ノング・インレイ
【住所】東京都新宿区高田馬場2・19・7 TAK11 1F
【営業日】無休
【営業時間】11時半～23時半

※ラオスの共産主義化
フランスの植民地だったラオスは、第二次大戦後にラオス王国として独立。しかし、ほどなくして共産主義勢力パテート・ラーオが台頭し、ラオスは内戦状態に陥る。1965年、ベトナム戦争が始まると、その戦火は隣国ラオスにも飛び火。ラオス国内を北ベトナムの補給路、通称「ホーチミン・ルート」が通っていたため、アメリカ軍が大規模な空爆を実施。地上でも様々な勢力が入り乱れて、激しい戦闘が行われることになった。内戦はパテート・ラーオ側優勢のまま進み、75年に王政の廃止を宣言。社会主義国家である、ラオス人民民主共和国が建国された。

1997年に帰化して国籍を変えた。

来日後、しばらくは建設会社で働いていたが、バブルがはじけ会社が倒産の危機に。何をして働くか考えた末に、同じように亡命してきた「シャン族の仲間が集まれるように」と故郷の料理を出す料理店を着想する。そして、1997年に「ノング・インレイ」をオープンした。

高田馬場の老舗ミャンマー料理店「ノング・インレイ」。店名はシャン地方にある有名なインレー湖という湖に由来。「ノング」が湖を指している。

「高田馬場は電車のアクセスも便利だし、ミャンマーの政治グループの事務所が多かった」と山田さんは高田馬場を拠点に選んだ理由を語る。だが、当時の国籍問題は今よりもはるかにシビアで、開店するまでには並々ならぬ苦労があったという。

さて、シャン料理とはどのような料理なのだろうか。お店の看板に書かれている説明を読むと、「シャン風高菜漬けや海老の塩辛、シャン味噌などの発酵食品とハーブ・スパイスをたくさん使ったちょっとピリ辛な料理」とある。

メニューを眺めてみると「モヒンガー※」などの代表的ミャンマー料理もあるものの、「川魚のシャン風蒸し物」「お茶の葉サラダ」「シャン風鯉の熟

※32年前に来日
タイの難民キャンプでは通訳や英語のガイドをして暮らしていた山田さん。日本にきたのは難民キャンプでの通訳の仕事で知り合った大学の先生との縁がきっかけだったという。

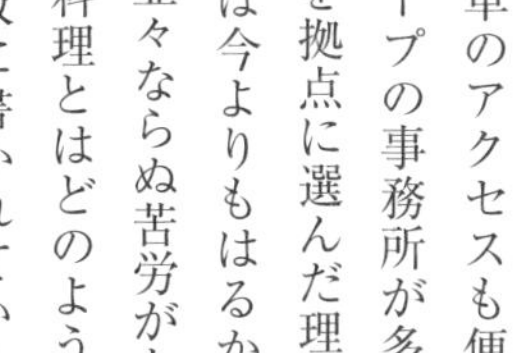
厨房で腕を振るう山田さん

※モヒンガー
ミャンマーといえば、まず思い浮かぶほどポピュラーの麺料理。詳しくは58ページ参照。

壁に貼られたメニューの数々。「あげこおろぎ」の文字が目を引く。

れ寿司」「あげこうろぎ」……など、よそではなかなかお目にかかれない、異彩を放つ料理名がズラリ。タイ料理ともベトナム料理とも（そして一般的なミャンマー料理とも）どこか違う、東南アジアの奥深さを感じさせる料理群だ。発酵食品、昆虫食となると、近いのはタイのイサーン料理だろうか。いずれにせよ、東南アジア好き、珍しい物好きにとっては眺めているだけで小躍りしたくなるラインアップである。

山田さんに「ノング・インレイ」の人気メニューを伺うと、手作りしているという豆腐や麺類が一番人気とのこと。「シャンそば」や「豆腐そば」、それに味噌味で麺が太い「ミシェ」などが日本人客に好評のようだ。この日はその「ミシェ」とメニューの中でひときわインパクトがある「竹虫」※をオーダー。竹虫はなんと山田さんが「タイやラオスに行ったときに自分で獲って」きたものだという。

出てきた竹虫はからりと揚げてあり、ところどころに焦げ目が見える。気になるその味はというと、薄い塩味がついており、スナック感覚でサクサクと食べられる。乱暴に例えると近い

※竹虫
ツトガやメイガといった小型の蛾の幼虫の総称。呼び名の通り、まだ成長しきっていない竹の中に生息している。山田さんによると、8月から11月頃までが収穫シーズンとのこと。主にシャン州の北と東側のエリアで採れるらしく、西や南側エリアに住む人々はあまり食べないようだ。これらのエリアでは、替わりにコオロギやフンコロガシなどを食べる習慣があるという。

名物「竹虫」。見た目はグロテスクだが、味は抜群。

のはかっぱえびせんか。嫌な匂いなどはまったくなく、うーん、ビールのつまみにぴったりです（外見はどう見ても100パーセント虫だけど）。

一方「ミシェ」は丸鶏がスープのベースで、スープ表面はやや赤みのある茶色で、飲むと※ピリッと控えめな辛さ。具にはごま、ひき肉、小松菜と定番のパクチーがどっさり。特筆すべきは麺で、想像していたよりもはるかに弾力があり、もちもちとした食感がなんとも気持ちいい。クセはほとんど感じないので、ミャンマー料理初体験の日本人でもズルズルと食べられるだろう。

「シャン族の仲間のために」と始めたこの店だが、今では客の7割が日本人。遠方からわざわざ来る客も多い。味はもちろん、「ここでしか食べられない」魅力が客を惹きつけるのだろうか。

ところで、古くから高田馬場を見つめ続けてきた山田さんの目に、今の街の姿はどう映っているのだろうか。山田さんによると、高田馬場は「情報センター」。来日する留学生や就職希望の若いミャンマー人が増え、就職情報を求めて高田馬場にやってくる

※ピリッと控えめな辛さ　個人的には高菜を入れると辛さと酸味が増し、より味がクッキリするのでお勧めだ。

ピリッとした辛さが後をひく「ミシェ」

のだとか。「昔からいるミャンマー人が新しく来た人に仕事を紹介したりする」のがここでの流儀。「助け合い」の精神が、ミャンマーの人々にとっては普遍的なものとして根付いているのかもしれない。

２０１１年の東日本大震災のときは、山田さんが音頭を取って被災地へ行って炊き出しをした。同行したのはお店の常連のミャンマー人たちだ。ワゴン車やバスに材料を積み込み、※岩手県大船渡市の避難所でシャンそばやシャン風チャーハンを振る舞った。

異国の地でなかなかできることではないが、山田さんに言わせると「大変なときに手を伸ばして助けるのは当たり前」。ミャンマー人の底流にある助け合いの精神を象徴するエピソードである。

今後は「人気があるので、もっと店を増やしたい」と構想する山田さん。現在は同じフロアに計3店舗を経営しているが、「友達がいっぱい住んでいる」大阪にもオープンしたいという。関西圏のアジア好きにとっては福音といえるだろう。

※岩手県大船渡市
岩手県の南部の街。三陸海岸に面する。２０１１年３月11日の東日本大震災では、津波により大きな被害を受けた。

●東南アジア臭満点の雑貨店「スカイ・ホーム」

さて、それでは「ミャンマービル」のほかの階も覗いてみよう。

1階の「ノング・インレイ」を出て、エレベーターに乗り8階へ。このフロアはミャンマー食材・雑貨類を扱う店がひしめく「買い物フロア」になっており、ここに来れば大抵の用事は済んでしまう。こんなに同業店が集中していて共倒れにならないのかと余計な心配をしてしまうが、そこはそれぞれ扱う商品が少し違っていたりして、うまくバランスがとれているようだ。

ぎっしり商品が詰まった「スカイ・ホーム」店内

その中で、昔から営業している老舗的な存在のお店が※「スカイ・ホーム」だ。11年前にオープンし、オーナーの変更を経て2年前からこの場所で営業している。以前は9階に店を構えていたという。

現在、社長としてお店を仕切っているのは※ティンティンさん。他にも様々なビジネスをしているため、普段は店頭に立つことはあまりなく、従兄弟でマンダレー出身のサーニートンさんと知り合いのミャンマー人が接客を担当しているという。

※スカイ・ホーム
【住所】東京都新宿区高田馬場2・19・7 TAK11 8F
【営業日】無休
【営業時間】11時〜24時半

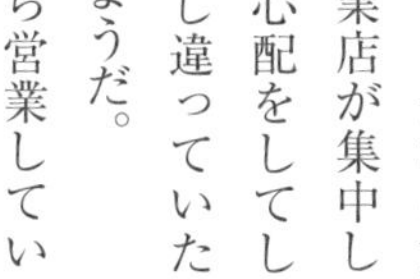

スカイ・ホーム

※ティンティンさん
「スカイ・ホーム」のほか、旧首都ヤンゴンとマンダレーでは同名の日本語学校を経営しているという、バリバリのビジネスパーソン。今は美容関係の病院をヤンゴンに設立する事業にも携わっており、「ミャンマーで2週間、日本で1週間」生活するという、慌ただしい生活を送っているそう。

食品からCD、そして、用途のよくわからないものまで何でも売っている。

「スカイ・ホーム」は決して大きくはないお店だが、店内には米や米麺、缶詰、干し物類、お茶、スープの素、調味料などの食材が、壁に沿って店内を囲むようにズラリと並ぶ。

タイの調味料や缶詰もあるが、ほとんどはミャンマーのもの。ティンティンさんが出張で各地方に行った際に仕入れてくるものも多く、ミャンマー全土の品物が並ぶ。調味料と麺類だけでもさまざまな種類を揃えており、なんともバラエティーに富んだラインアップである。中には、説明してもらわなければ一体どう使えばいいのかすらわからないものもあり、棚を眺めているだけでも面白い。

この日はサーニートンさんお勧めの、[※]エビを炒めた調味料を買ってみた。干しエビを揚げニンニクや唐辛子などと一緒に炒めたもので、強いて言えば日本で一時期流行った「食べるラー油」に近いだろうか。封を開けると鮮烈なエビの香りが漂い、なんとも食欲をそそる。実際に、家で炊きたてのご飯に乗せて食べてみたが、食べるラー油をもう一段複雑にした味わいで、これだけでも充分ご飯が進むこと請け合いだ。炒飯に混ぜても

※エビを炒めた調味料
同じフロアにある他のミャンマー食材店を訪れた際も「一番人気」と勧められた。値段は６００円程度。

相性抜群で、まさに白米を主食とするアジアならではの調味料といえる。ただ、辛味が意外にあなどれない強さなので、辛いものに弱い人はご注意を。

食材以外では雑誌や衣服、それにCD※なども売っている。CDは「昔の歌から最近の歌まで」と幅広い。客の大半はミャンマー人だが、ミャンマーのヒット曲を調べて買っていく日本の若者も少なくないとか。目当ての盤が店になくても注文すれば手に入る、とティンティンさん。現在はインターネットでダウンロードする時代になり、CD目当ての客は減っているが、いまだに根強い※ファンがいて「ゴソッと買っていく」ときもあるという。

お店の営業時間は午前11時から夜は24時30分まで（!）。周辺には24時に店を閉める飲食店が多いため、そうした需要を汲み取って深夜まで店を開けているのだ。最近はテレビでお店が紹介される機会があり、その影響で日本人のお客も増えているとか。旅行でミャンマーが好きになり、お客として通うようになった人もいるようだ。

一般のお客だけではなく、ミャンマー料理店はもちろん、近隣のマレーシア料理、タイ料理の店などからも食材を買いに来るという「スカイ・ホーム」。錦糸町もそうだったが、その国の料理店が多い場所には、必ずそれを支える食材店がある。たまには一風変わった食材店で材料を買って家でアジア料理にチャレンジ――というのはいかがでしょうか。

※CD
民主化が進むミャンマー。若者の間ではヒップホップやR&Bなどの西洋音楽やK-POPが人気だという。

ミャンマーのCD

※根強いファン
中には孫に連れられてくるお爺さんもいるとか。昔、ミャンマーで働いた経験があり、懐かしくなって来るらしい。

【圧倒的なメニュー数を誇るさかえ通りの名店】

高田馬場で味わう本格モヒンガー

高田馬場の駅前に戻り、商店街「さかえ通り」を奥に入っていくこと数分。チェーンの牛丼屋やラーメン屋、学生ローンの看板などでゴテゴテと彩色されたカラフルな通りを神田川方向に歩いていくと、右手に周囲の店に比べると比較的地味な（看板は金色だが）外観の料理店がある。店頭にはお勧め料理の写真をプリントした紙が貼られた立て看板。歩きながら目にすると中華料理のメニューに見えるが、よくよく見てみると「ひよこ豆カレー」や「ミャンマー風ラーメン」だったり。ミャンマー料理店「スィゥ・ミャンマー」※である。

●メニューは常時90種類以上！

店内は外観と同様、どちらかというと飾り気が少なく、シンプルな造り。どこにでもある「町の中華料理屋」みたいな雰囲気だが、他所と大きく異なるのが壁一面にぎっしり貼られたメニューの数々。ミャンマー料理ってこんなにあったの？　と圧倒されるメニュー群である。オーナーのスィゥさんに伺うと、メニューは現在、90品超（！）。店内は20人そこそこ入るぐらいのキャパシティーだが、大規模店なみの豊富なラインアップである。オープンは２０１２

※スィゥ・ミャンマー
【住所】東京都新宿区高田馬場3-5-7
【営業日】無休
【営業時間】11時半～15時／17～23時半頃

スィゥ・ミャンマーの店内

年の11月。取材時はまだ開店から約半年だったから、ニューカマーといっていいだろう。聞くと、実はまだ内装も１００％ではなく、これからも多少変化していく予定だとか。大型のテレビを置いて、ミャンマーの文化を紹介する構想もあるという。

スィゥさんが来日したのは１９８９年。以前は大学で地質学の教鞭をとっていた。民主化運動に参加したが、弾圧で身の危険を感じミャンマーを脱出。すでに日本に来ていた大学時代の友人の誘いもあり、日本を亡命先に選んだ。日本に来てからは、ひとの紹介もあって建築会社に勤務。だが、そのうち「ミャンマーの食べ物を日本に紹介したい」という思いが芽生え、奥さんに調理経験があったこともあり、ミャンマー料理店の開業を決意した。現在は夫婦二人三脚で店を切り盛りしている。自身は今は修行中だが、いくつかのメニューはこなせるようになったと笑う。

スィゥ・ミャンマーの入り口

「スィゥ・ミャンマー」では数多くの料理を提供しているが、中でも充実しているのが和え物だ。「ミャンマー人は和え物が大好き」なので、店では20～30にも及ぶ種類を網羅する。ほかの人気メニューは「モヒンガー」やインドのビリヤニに似た「ダン・パウ」※、ココナッツミルクをベースにしたミャンマー風ラーメン「オンノカウスエ」※など（タイ・チェ

※ダン・パウ
ミャンマー風チキンピラフ。さまざまな香辛料とともに、米とチキンを炊き込み味付けをした炊き込みご飯。

※オンノカウスエ
鶏ガラスープにひよこ豆のペースト、ココナッツミルクを合わせた、ミャンマーの代表的な麺料理。〝オンノ〟はココナッツを、〝カウスエ〟は麺を意味している。

ミャンマー産のナマズを使った本格的なモヒンガー

ンマイの名物カオソイの親戚だろうか)。本場の味を出すため、料理に使う食材や調味料はミャンマーから取り寄せているのだとか。

　この日食べたのはミャンマーの代表的な料理※モヒンガー。米麺のラーメンである。スープ表面は赤いが、見た目よりマイルドでするすると箸が進む。具材は揚げニンニクと揚げ玉ねぎ、それに揚げたひよこ豆。揚げ物が多く乗るのはミャンマー風ラーメンの大きな特徴だ。山盛りのパクチーもアジア好きには嬉しい限りである。

　モヒンガーの特徴は、スープの出汁にナマズを使うこと。日本でラーメンといえば魚介系のダシ素材は煮干しや鰹節と相場が決まっているが、ミャンマーではナマズがくるところが興味深い。スープ素材のナマズもミャンマーから取り寄せている、というこだわりぶりだ。

●変わりゆく母国への思い

※モヒンガー
ミャンマーの国民食ともいえる料理。朝食や昼食に食べられる。本場では、ナマズをカタチがなくなるまで煮込み、そこに魚醤などを足して味をつけるという。タイやベトナムの麺料理とは違った独特な風味がある。

スィゥさんは日本に来て25年。今は8歳の息子と15歳の娘と四人で暮らす。念願の店もオープンし、日本の生活に完全に溶け込んだが、今も東京で議長として母国の民※主化活動に携わっている。スーチーさんが釈放され、今、ミャンマーは民主化へ向けて舵を切り出したように見えるが、個人的な事情があり、国へ帰るかどうかは悩ましいという。たとえミャンマーに帰れるようになっても、子どもの問題が大きいからだ。

いつか帰ることを夢見て過ごしてきたスィゥさんたちとは違い、日本で生まれ日本の食べ物で育ち、日本語がペラペラで、かつ日本で確固としたコミュニティを形成している子どもたちにとっては、ミャンマーは「知らない土地」であり、「帰る国」ではない。そのあたりの考え方で乖離があるようだ。

店主のスィゥさん（右）と奥さん

「子どもたちが大学を出るまでは日本で頑張る」とスィゥさん。さまざまな事情を抱えているが、いまは店を繁盛させることが最優先事項なのだ。「今度からミャンマーのいろいろな民族の料理も出します」と新たな試みにも意欲的で、メニュー数もさらに増えていくだろう。「高田馬場ミャンマーコミュニティ」の期待の新風である。

※母国の民主化運動
ただ、某店のオーナー曰く、都内の民主化運動のサークルはひと頃に比べて「だいぶ減っている」らしい。「やりたいけれど、若者が集まらない」と嘆いていた。

【リトルヤンゴンの流行の発信地】
ミャンマーからきたカリスマ美容師

「外国人街」というとつい〝食〟にばかり目が向きがちだが、実際に他国で暮らす人々にとって必要なのはもちろんそれだけではない。〝食〟はもっとも大切な要素ではあるけれど、母国の音楽や本も欲しいに決まっているし、ファッションだって同じアジアでもだいぶ異なる。近年は高田馬場のミャンマーコミュニティにも、留学生などの若い世代がずいぶん入ってくるようになった。母国のファッションやヘアスタイルに関する需要も高まっているのである。

●高田馬場のミャンマー人美容師

早稲田通りを高田馬場駅から明治通り方向へ歩くこと数分、右手のビルに、チェーンの焼肉屋やラーメン屋の看板に交じって緑色の「ＨＡＩＲ＆ＭＡＫＥ」の看板が出ている。書かれているメニューを読んでみると、カット、ヘアカラー、パーマ……。これだけ見ると、普通のどこにでもある美容室、と思う人がほとんどだろう。

ここは、ミャンマー出身の美容師ＫＯＫＯさんが経営するミャンマー美容室だ。名前は「ココ・アトラクション（KOKO ATTRACTION）」※。通常のヘアメークはもちろん、併設の

※ココ・アトラクション
【住所】東京都新宿区高田馬場1・25・29 サンコービル5F
【営業日】火曜定休
【営業時間】10時〜22時

目印のお店の看板

スタジオで成人式や卒業式などのハレの日には写真撮影まで対応してくれる、万能型ヘアサロンなのだ。

ＫＯＫＯさんが日本に来たのは今から21年前のこと。当時、周りには「ミャンマーを出て外国にいく友人が多かった」ため、19歳だったＫＯＫＯさんも海外への脱出を決意。シンガポール、タイ、香港、インドネシア、韓国と、アジア各国の美容シーンを見てまわったのち、放浪の終着点として日本に来た。当初は日本にも長居する気はなかったが、ファッションやヘアスタイルがそれまで見てきた他の国よりオシャレに見え、「来てみたら気持ちが変わって」腰を据えて勉強することに。もともとミャンマーでも美容師だったので技術はすでに身に付いていたが、しっかりした体制でライセンスも取得できる点に惹かれ、専門学校で日本のやり方をイチから学んだ。

白を基調にしたオシャレな店内

この場所に店をオープンしたのは２００８年。もともとは18年前、江古田に店を構えていたが、ビルの取り壊しに伴い高田馬場に移転※。現在のＴＳＵＴＡＹＡの裏に7年間店を構え、5年前により駅に近いこの場所に移転した。

縦に伸びる店内は決して広くはないが、ＫＯＫＯさんが「店のイメージカ

※高田馬場に移転
高田馬場を選んだのは「ミャンマー人も外国人も多いから」。山手線沿線で利便性もよく、賑やかな点も高ポイントだった。

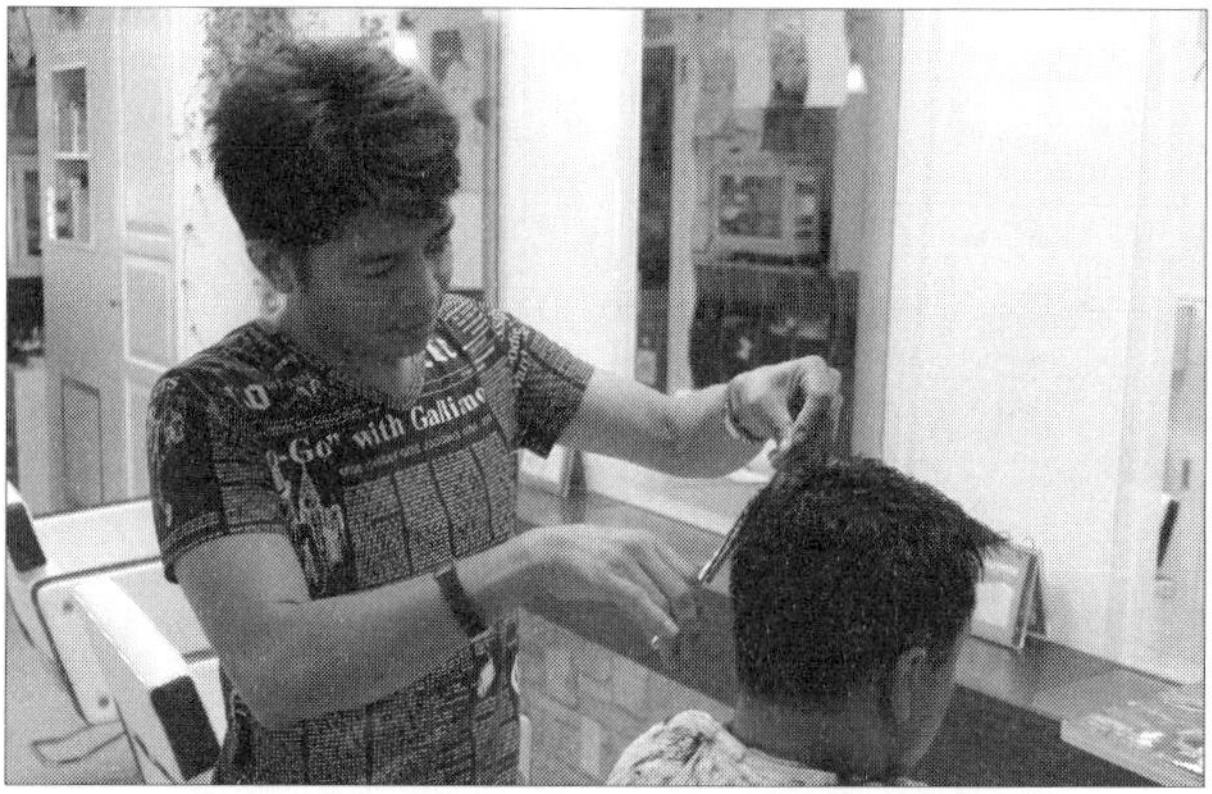

日本仕込みの技術でカットするKOKOさん。カットされながらミャンマーのヘアスタイル事情なんかも聞けるかも？

ラー」という白で統一され、明るく清潔な雰囲気だ。所々に飾られている花はKOKOさんが自ら装飾したもの。「※趣味はインテリアデザイン」と言うように、内装はすべて自分で考えた。鏡などの装飾品も自分で買ってきたものだという。竪琴のオブジェが微かにミャンマーの芳香を放っているが、それ以外はどこから見ても日本のおしゃれな美容室である。

お店の客層はミャンマー人が7割に日本人が2割、残りはそれ以外の外国人だ。男女比は同じぐらい。美容室という商売柄、やはりお客の中心は20～30代の若者で、高田馬場という土地柄か、大学生も多いという。

ところで、日本とミャンマー間においてヘアスタイル感の違いというのはあるのだろうか。普段日本に住む身としては、ミャンマー人の流行のヘアスタイルは寡聞にして知らないが、KOKOさんによると今はミャンマーでも「男性はトップを立てる髪型が人気で、女性は※レイヤーが流行り」だという。日本では見慣れたスタイルだが、ミャンマーにもその流れは徐々に広がっ

※「趣味はインテリアデザイン」
「勉強が好き」とKOKOさん。写真撮影もブーケを作るのもすべて勉強の賜物だ。「時間があれば勉強したい」と意欲を語る。

※レイヤー
上が短く、下が長くなるように段差をつけていくカット手法。髪全体に動きを出したり、毛先に軽さを出すときなどに用いられる。

ているようだ。

とはいえ、カット技術においては幾分かの差異があるようで、KOKOさんによれば「ハサミの持ち方も切り方も違う」。その代表的な例がいわゆる「刈り上げ」だ。「ミャンマーには昔はバリカンがなかった」ため、バリカンを使って刈り上げる技術が日本ほど卓越してはいない、とのこと。勝手な思い込みだが、アジアではむしろバリカン主体でヘアスタイルを作っていくものというイメージがあったので、個人的には意外といえば意外である。

今、KOKOさんが客前で披露しているのは日本に来てから学んだ技術だ。

「ミャンマー時代のやり方は忘れました」と笑うKOKOさんだが、グローバルな客層に対応できるのは、これまでのミャンマーやアジア各国で積み上げた経験が生きているからなのかもしれない。

ヘアメークから、記念日のためのメークや写真撮影、ブーケ作り……など多方面で〝美〟をサポートするKOKOさん。仕事の疲れは「近くのミャンマー料理店でカラオケ」して癒している。休みの日は馬喰町※まで出向き、店で使うインテリアや備品などの買い物をするのが定番の過ごし方だ。

今の目標はミャンマーに美容学校を設立すること。日本で身に付けたさまざまなやり方を輸入し、日本式の美容室を浸透させたいという。高田馬場の小さなビルの一角から発信されるトレンドが、そう遠くない将来、ミャンマーで花ひらくのかもしれない。

※馬喰町
日本橋馬喰町・横山町界隈には都内最大規模の問屋街がある。服飾品からインテリア、雑貨など取り扱う商品は多岐にわたるが、業者販売が主なため、一般客だと購入できない場合もある。

【日本とミャンマーの文化のかけはし】
日本ミャンマー・カルチャーセンター

珍しいミャンマー料理をたらふく食べて、雑貨屋で食材やインテリアも買って、おまけに髪までカットしてもらって、これまであまり知ることのなかった〝ミャンマー〟に触れてきた。十分ミャンマーの文化は堪能したけれど、もしかしたらその空気を吸ったことで、よりミャンマーの世界にどっぷり浸かりたい、もっとミャンマーを知りたい、できれば現地に行って、直にミャンマーを見てきたい……そう思った方もいるかもしれない。

そんな人はここに行ってみたらいかがだろうか。高田馬場駅から徒歩5分。神田川方面へ向かって歩き、川を渡ったところに右手に見えてくる茶色のビルの4階に※「日本ミャンマー・カルチャーセンター（ＪＭＣＣ）」はある。レベルに応じたさまざまなクラスを展開する、高田馬場の老舗ビルマ語学校だ。

●多彩なコースを誇るビルマ語教室

ＪＭＣＣの設立は２００２年。ビルマ語教室を作って活動を始め、２００５年にＮＰＯに登録した。同校で代表を務めるのは所長のマへーマーさん。日本の大学で学び、設立前は川崎に

※日本ミャンマー・カルチャーセンター（ＪＭＣＣ）
【住所】東京都豊島区高田3-13-6 ＧＲＡＣＥ高田馬場403
【営業日】火～土（ビルマ語教室）
【ＵＲＬ】http://jmcc.fc2web.com/

住んでいたが、「この辺りにはよく買い物にきていて、ミャンマー人のコミュニティとも数ヶ月に一度くらいで会っていました」。

そのうちにそうしたコミュニティのひとつだったミャンマー人舞踏団の団長がミャンマー人に日本語を教えているのをみて、「日本人にビルマ語を教えられる環境に身を置きたい」と決意。団長と一緒にビルマ語を教える道を選んだ。

「私は日本の大学を卒業していたので、ほかのミャンマー人よりも日本語ができました。それで頼りにされて、手紙を通訳したり、生活面でサポートしたり……。そういうことをしているうちに、ミャンマー人を支援するだけではなく、日本人がミャンマーの文化を知ることもできたらいいな、と思うようになったんですね」とマヘーマーさんは当時を振り返る。

ＪＭＣＣの活動の中心は語学。ミャンマー人に日本語を教えることと、日本人にビルマ語を教えることだ。

授業は、初歩の初歩からビルマ語を習う入門レベルから初級、中級、上級レベルまで、そして期間も

ミャンマーの民芸品などが飾られた教室内。アットホームな雰囲気だ。

※ミャンマー人コミュニティ
都内には高田馬場以外にもミャンマー人コミュニティがいくつかある。代表的な場所としては、豊島区大塚周辺や板橋区中板橋近辺などがある。

壁には民主化運動のリーダー、スーチーさんのポスターが張られている。

レギュラーコースから短期特別コースまで、形式もグループレッスンからプライベートレッスンまで……と選択肢は幅広い。※生徒の年齢層は20代から40代が中心。中には小さい子どもも連れて通っている生徒もいるという。

●「生活の場」から「架け橋」へ

ところで、ＪＭＣＣではほかにも、ミャンマー人のための重要な活動を行っている。その代表例が子どもの支援だ。高田馬場で生活するミャンマー人の子どもたちは当然、日本で生まれ育っているため、語学の基礎は日本語。そうした子どもたちのために「子ども会」を作り、「ミャンマーの言葉を教えたり、学校の勉強をみてあげたり」している。

また、子どもにビルマ語を教える一方で、日本語が読めない親のための「親の会」も始めた。学校のシステムや手紙の返信の仕方など、生活に関するあらゆることを教える会だ。

「在日ミャンマー人からの相談は多いですね。内容はやっぱり生活面が中心。子どもの進学の

※ＪＭＣＣのビルマ語講座
ＪＭＣＣでは、腰を据えてみっちりビルマ語を習得したい、という人ならレギュラーコース、仕事や旅行目的でミャンマーに行くので集中的に勉強したい、という人なら短期特別コース、という具合にニーズに合わせて講座を選択できる。料金や期間等はＪＭＣＣのＨＰを参照のこと。

こととか学校関係のこととか、日本での子育てとか……」とマヘーマーさん。子どもの方が日本語がうまくなってしまっているため、親が子どもとコミュニケーションできなくなっているケースが多い、という。「親はカタコトだから、子どもはそういう親のことを馬鹿にしたりするんですよね。でも、ミャンマーでは仏教で『親を尊敬しなさい』と教えているので、そういうことも子ども会で教えています」。

もともと、ミャンマー人のための教室は、日本での生活でコミュニケーションが取れればいい、という考えから生まれたものだったが、今はミャンマーが民主化に向けて大きく舵を切っているため、生徒の間でも日本語を学ぶ目的が変わってきているという。※今後の経済発展を見据え、語学の重要性を肌で感じているミャンマー人が増えているわけだ。

「ミャンマーはいま、民主化に向かって進み始めています」とマヘーマーさんはいう。

「スーチーさんも来日したし、今まで禁じられていた報道の自由も言論の自由も守られるようになってきました。20年ぶりに民間の新聞も出せるようになりましたし、どんどん変わっています。生徒たちも『ミャンマーと日本の架け橋になりたい』と思うようになっています。そうなればミャンマーもよくなるし、日本でもミャンマーがもっと紹介されるようになりますから、私も嬉しいですね」

近い将来、神田川を望む高田馬場のマンションの一室から、日本とミャンマーの明日をつなぐ第2のマヘーマーさんが生まれるのだろうか。

※**日本語を学ぶ目的が変わってきている**
「日本の企業で働けるかもしれないし、肉体労働ではなくオフィスワークができるかもしれないと、自分から日本語検定試験を受ける人も増えました」とマヘーマーさん。

【高田馬場を知るインタビュー】

日本とミャンマーのかけはしに

NPO法人
日本ミャンマー・カルチャーセンター主宰
マヘーマーさん

●超過滞在の問題

私が高田馬場に来た当時は、まだ今ほどミャンマー人はいませんでしたね。当時いたのはビザが切れている人ばかりで、みんなこの周辺に住んでいました。

最初に「JMCC」を開いたところは6階建てのアパート。建物内の注意書きなんか全部ビルマ語で、雰囲気もヤンゴンの建物によく似ていて。匂いもミャンマーの匂いがしていたので、そこにミャンマー人が住んでいるのはすぐわかりました。そのアパートには、はじめに一人だけミャンマー人が住んでいて、その人がビルのオーナーと仲が良かったんです。それでその人の紹介で次々とアパートにミャンマー人が入るようになって……当時は1階から4階まで全部ミャンマー人が住んでいましたね（笑）。

2003年の6月に、私の「JMCC」はそのアパートを出て、ここに移ってきたんですが、そのあとすぐ、入国管理局が入ってオーバーステイの人たちはみんな連れていかれてしまいました。当時は、ほとんどの人がオーバーステイだったので、みんな身を隠して住んでいたんです。自分のことをミャンマー人だと分からないように、ちゃんとしたスーツを着たり、日本語の新聞を買って読んでみたり。でも、どこかちぐはぐなんですね。スーツを着ているのにミッキーマウスのバッグを持っていたり（笑）、新聞を逆さまに読んでいたり。それで私服警官に声を掛けられたりしていました。

●中井から高田馬場へ

もともとミャンマー人は高田馬場ではなく、西武新宿線の中井に多く住んでいました。中井にミャンマー人の夫婦が住んでいて、ミャンマー人が日本に来るたびに彼らが世話をしていて、それでミャンマー人街ができたんです。一

【マヘーマーさん】 ミャンマー中部メイッティラー出身。僧院で英語と日本語を学び、1996年に来日。中央大学を卒業後、NPO法人「日本ミャンマー・カルチャーセンター（JMCC）」を設立。在日ミャンマー人のサポートをはじめ、ビルマ語講座などミャンマー文化の発信を行っている。

時期はお寺もあったようです。それをメディアが面白がって取り上げたんですが、住人はみんなオーバーステイだったので摘発されて。で、身を隠すために高田馬場に来たことがミャンマー人が増えたきっかけだったようです。高田馬場はアクセスも便利だし、食材店があって情報交換ができるし、不動産屋も優しいので住みやすかったんでしょう。

昔から日本にずっと住んで難民として亡命してきた人や出稼ぎで来たミャンマー人は、ものすごく苦労したんです。「ある程度お金が貯まったら帰ろう」と思っていても、母国でクーデターがあったり、スーチーさんが自宅軟禁になったり、どんどん国の情勢が悪くなっていって……いつまでも帰れないまま、結局オーバーステイになってしまったり。留学ビザで来て、帰ろうと思っても帰れない、そういう人が多かったんです。

民主化運動のとき、運動の参加者は目の前で友達が殺されて、自分も身の危険を感じて、それでヤンゴンから逃げて、タイなどの近隣国に渡らなければいけなかった。で、そこから日本に来たわけですね。

日本には彼ら難民を支援する団体もあったので、そういった団体の支援も受けながら忍耐強く生きてきました。

ダジャンというミャンマーの水掛け祭りを主催したり、公園を借り切ってダディンジュという灯明祭りをしたりして、自分たちの存在をアピールしていました。また、彼らは民主化連盟とか、学生連盟も自分たちで作りました。そうした人たちはおそらく一度も帰国していないと思います。帰りたい気持ちはあるけど、そうすると難民の認定を返上しないといけませんし……。彼らは人生の半分以上を日本で暮らしていて、生活の基盤もできているので、日本に戻れないのは困るんです。日本が第二の故郷になっているから。

　高田馬場は、昔より今のほうがミャンマー人もお店も多いと思います。今は、この辺りだけで20軒以上お店があります。ミャンマー人もおそらく５００人ぐらい住んでいるのではないでしょうか。もちろん、帰った人もいます。昔からいたオーナーが帰ってしまって、新しく来た人になっていたり。昔の高田馬場を知らない世代の人たちですね。

●ミャンマー人グループで炊き出しに

　震災のときは、ミャンマーに帰る人はいませんでした。あのときは「ノング・インレイ」のオーナーがリーダーシップをとって、東北に炊き出しに行きました。避難所でシャン族のラーメンやチャーハンを配ったんですね。私も石巻と女川町にいきました。ミャンマー人は困っている人を見たら助けるのが当たり前。それに私達も２００８年のサイクロンの時、助けてもらいましたから。だから、日本が困ったら私達もやろう、と思っていたんです。個人的に義援金を振り込む人もいたようです。

　今の課題は、子ども達にもっと母国の文化を理解してもらい、ミャンマー人としてのアイデンティティを持ってもらうこと。ミャンマー人は日本社会では異質だけど、そこで頑張れる強い子どもに育ってほしい。自分の国の文化に誇りを持って生きていけるように学習支援したいですね。

　もうひとつ、日本に留学に来ている人たちの安定した就職先を探してあげたい。日本で生活しているミャンマー人だからこそ、日本の文化や気質、やり方をわかっていて、力になれると思うんです。今はあまり就職先はないですが、ミャンマーで２０１５年に予定されている総選挙のあと、日本とミャンマーのビジネスが本格的に動き出すんじゃないかというのが在日ミャンマー人の見方です。そのときに備えて今から日本語を勉強しよう、という意識の人が多いので、そうした人たちの力になれればいいですね。

【第三章】もうひとつの中華街～池袋駅北口

池袋駅北口エリア 地図

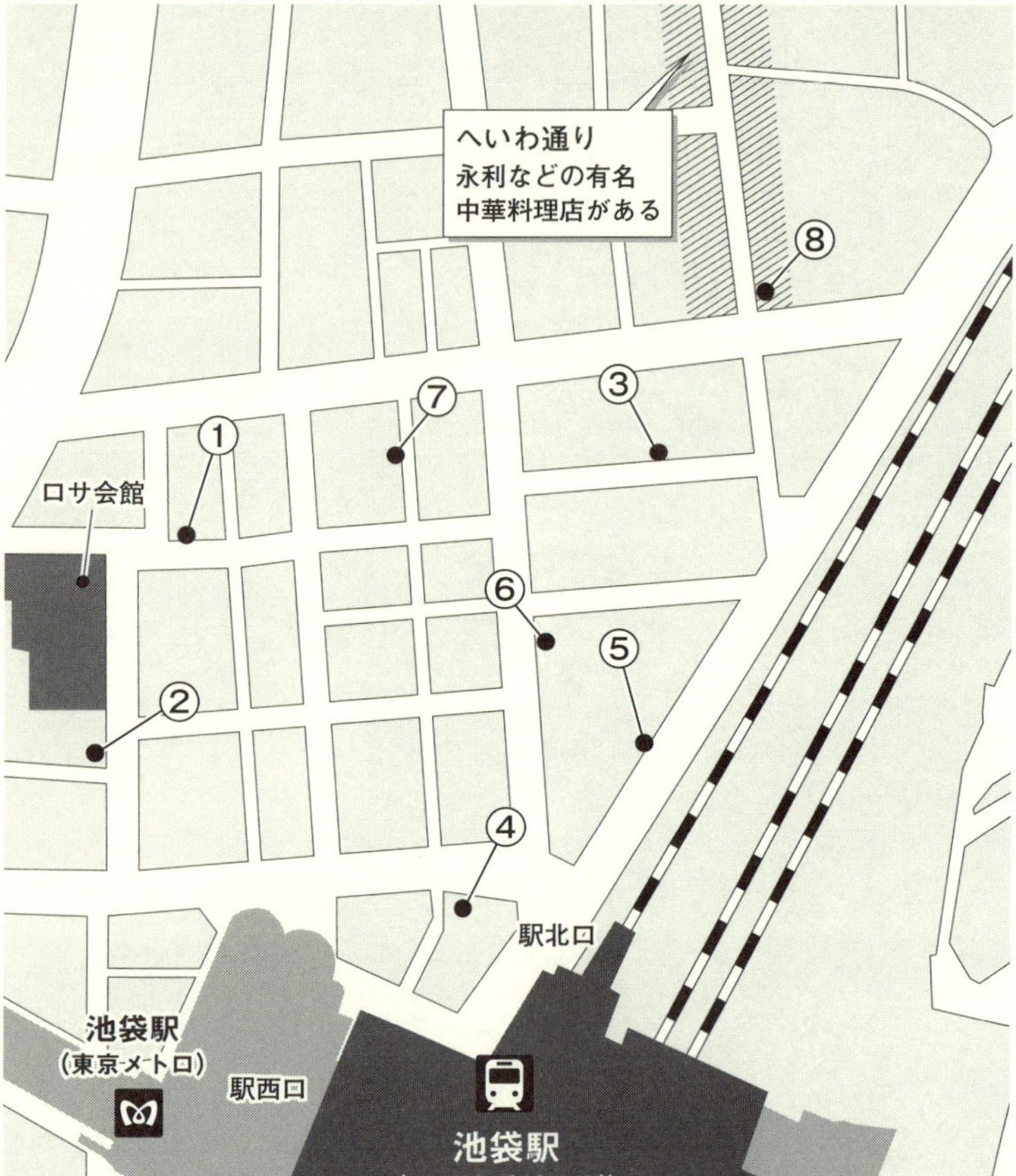

①中国人にも人気の火鍋専門店「逸品火鍋」（→ 76 ページ）
②ワイルドな羊の丸焼きが食べられる「聚福楼」（→ 79 ページ）
③奥深き延辺料理の世界を堪能「四季香」（→ 83 ページ）
④都内最大規模の中国スーパー「友誼商店」（→ 86 ページ）
⑤スタッフは全員中国出身の隠れ家美容室「安迪美容室」（→ 89 ページ）
⑥駅徒歩 1 分の中国カラオケ専門店「富麗華」（→ 92 ページ）
⑦実力派のハスラーが集うビリヤード場「ホットスポット」（→ 95 ページ）
⑧へいわ通りの中にある中国人ガールズバー「ドリームバー」（→ 98 ページ）

池袋駅北口（左）と駅前の街並み。そこかしこで中国語が飛び交っている。

中華街、と聞いて、あなたはどのようなイメージを思い浮かべるだろうか。もうもうと湯気が立ち上がる道端の蒸籠の肉まんや、派手な牌楼（門）、大行列の中華料理店……おそらく関東圏に住んでいれば、ほとんどの人はあの「横浜中華街」を真っ先に連想するのではないだろうか。

もっともそれは当然で、なにしろ※横浜中華街の発祥はペリーが浦賀に来航した安政４年。西暦だと１８５７年だから、実に１５０年以上の歴史があることになる。中華料理店の店舗数は２０１０年の時点で約２３０店、雑貨店なども合わせた中華街全体の店舗数は６２０店というから、歴史もスケールも圧倒的な規模を持つ、まさしく日本最大の中華街だ。

だが、関東にはもうひとつ、歴史や規模では及ばないものの、よりディープな本場の味を楽しめる「知られざる中華街」がある。それが池袋駅北口周辺に広がる※「池袋中華街」だ。

横浜中華街のように牌楼があって、店先に客が行列していて……、というわかりやすいものではないが、中華料理

※横浜中華街の発祥
横浜中華街の起源や店舗数は、横浜中華街の公式ホームページ（http://www.chinatown.or.jp/）の記述より。

※池袋中華街
正式な名称ではなく、呼び名としては筑波大学大学院の山下清海教授が提唱する「池袋チャイナタウン」が定着している。

中華系の店が集まる池袋駅北口のへいわ通り

店はもちろん、中華食材店や美容室、書店にカラオケ店、旅行代理店、ビリヤード店、マッサージ店、ネイルサロン、スナックやパブ、ガールズバーといった夜の店まで、生活に必要なあらゆるものが揃う中国マニア垂涎の聖地である。

池袋の中華街は、地理的には大雑把にいうとふたつに分けられる。ひとつは駅北口から複合商業施設[※]「ロサ会館」周辺までの繁華街エリア。もうひとつは駅北口を背に線路沿いを5分ほど歩いたところにある「へいわ通り」周辺だ。もっとも、ディープな中華料理店は北口のみならず西口にまで侵食しているし、離れた場所にも店は多いので、結局は北口一帯が中華街と言っていいだろう。一見なんてことないビルでも、階ごとの看板をみるとばっちり中国語だったりするので、看板に注意しながら歩いてみるのも面白い。

現在、いったいどのくらいの中国人が池袋に集まっているのだろうか。池袋のある豊島区が公表している統計データをみてみると、２０１３年10月時点で豊島区に登録している中国人（台湾を含む）数は1万６０６人。2位が韓国（または朝鮮）の２７８７人なので、文字通りケタ違いの多さであることがわかる。10年前の２００３年は８９０３人なので、今も少しずつ

※ロサ会館
池袋西口にある複合商業施設。映画館やゲームセンター、飲食店などで構成されており、池袋西口エリアのランドマーク的存在となっている。

増えているようだ※。

それでは、池袋北口エリアが中華街化したのはいつからなのか。

各国のチャイナタウン研究をしている山下清海氏の『池袋チャイナタウン』によると、本格化し始めたのは２０００年代以降。また、北口で火鍋専門店などを営む連華商事の綾川陽子氏によれば、北口の中華街化は駅前にかつて存在していた巨大中華食材店「知音」※の存在が大きく、これを目指して人や企業が集まるようになった、という。新宿に比べて当時は家賃も安く、駅の利便性が高いことなども一因にあったようだ。

池袋中華街は※中国東北部出身者が多い。東北部は日本への留学生が多いため、必然的に同郷人をターゲットにした東北料理の店が増えるわけだ。なかでも北朝鮮との国境近くに位置する、吉林省の朝鮮族自治州の料理「延辺《えんべん》料理」を出す店が多いのが特筆すべき傾向。延辺料理とはあまり聞き慣れない名だけれど、要は韓国料理と中華料理をミックスしたような料理である。クミンをふんだんにまぶした羊の串焼きや犬肉料理、牛すじ和えやセンマイ和えなどが代表的なところで、普段食べている中華料理とは少々異なるラインアップである。

と、ここまでが「池袋中華街」の大雑把なアウトライン。あとは現地に遊びにいって直に体験してみよう。新宿からわずか10分程度で行ける、観光客のいない中華街。わざわざ渋谷から東横線に乗らなくても体験できる中国がそこに広がっている。

※豊島区の中国人人口
ちなみに、池袋周辺に限定すると、豊島区役所の区民課外国人住民グループによると池袋１丁目～４丁目までで約２５００人。次いで東池袋の１２４０人、上池袋が８００人、南池袋が２３０人と続く。大塚は１３５０人。巣鴨や駒込全体では１００人ぐらいなので、いかに池袋エリアに集中しているかがわかる。一説によると中華系の店舗は約２００店にのぼるという。

※知音
２００９年12月に倒産。現在は「中国食品・友宜商店」になっている。

※中国東北部
かつて満州と呼ばれた地域。現在の遼寧省、吉林省、黒竜江省の三省を指す。歴史的な経緯もあり、中国のなかでは比較的親日の人が多いとされる。

【池袋の中国人に愛される中国鍋専門店】
本場の火鍋で強烈カラシビ体験

ここ十数年で、思えば食文化に関してはずいぶんとバラエティ豊かになった気がする。

タイ料理ならトムヤムクンやグリーンカレーなんてハタチ以上の日本人で食べたことがない人を探すほうが難しいぐらいだし、ベトナムのフォーや韓国の純豆腐を知らない人もほとんどいない。当然、中華料理も例外ではなく、麻婆豆腐なんかも花椒※をバッサバッサと振りかける激辛の「陳麻婆豆腐」タイプの店が増えたし、小籠包専門の店もあちこちで目にするようになった。そして、もちろん火鍋も。

この本を手にとった方ならご存知だろうが、「火鍋」とは中国の代表的な鍋料理のこと。豚骨などでとったスープに山椒や唐辛子を効かせ、肉や野菜、キノコなどを煮て食べる、いわば「中国のしゃぶしゃぶ」といったところだが、それがここ10数年で、「火鍋」の看板は街のそこかしこで見られるようになった。

●地元の中国人に愛される本格火鍋店

池袋にも火鍋を味わえる店は多いが、なかでも地元の中国人から熱烈に支持されている店の

※花椒
四川料理などに欠かせない香辛料。カホクザンショウの果皮を乾燥させたもの。日本の山椒とは種類が違い、しびれるような辛さと香りが特徴。

ひとつが「逸品火鍋」※だ。取材した中国人たちがしばしば名前をあげる店で、店内はいつも満席。週末は予約なしでは入れないほど賑わっている。「逸品火鍋」があるのは、ロサ会館の向かい。池袋北口を出て、徒歩2分の距離だ。目印は回転寿司店で、その隣のビルの4階と5階に入っている。経営するのは、本章のインタビューにもご登場いただいた綾川陽子さん。2007年12月にオープンした。

シックな「逸品火鍋」の店内。大勢の客で賑わう池袋中華街の人気店だ。

●痺れる辛さがクセになるカラシビスープ

黒を基調にした店内は、池袋中華街らしからぬ、清潔感あふれるオシャレな雰囲気。テーブルの中央には、鍋がすっぽり入るサイズの穴が空けられており、鍋から具材をとりやすいよう工夫がしてある。

定番の火鍋は「四川麻辣《しせんまーらー》スープ」など数種類。単品で注文する※場合は、まずスープを選び、それから具材となる肉類や野菜類、キノコ類などを追加するシステムである。

初めてなら、まず定番の麻辣と白湯のスープを選び、好きな具材を頼んでいくのがオススメだ。この

※逸品火鍋
【住所】東京都豊島区西池袋1-39-1 ウエストコア4~5F
【営業日】年中無休
【営業時間】24時間営業

※単品で注文する
「逸品火鍋」には、火鍋を中心とした食べ放題メニューもある。120分制で、料金はひとり2580円から。

陰陽型に仕切られた２種類のスープで肉や野菜などを煮るのが火鍋スタイル

日はこれに豚肉や豆腐、エリンギなどと、それに香菜のタレを注文してみた。

見るからに辛そうな麻辣スープに具材を投入し、頃合いを見て口に運ぶ。と、その瞬間、痺れるような「麻《マー》」の味が口いっぱいに広がる。なにしろ、スープをすくうと花椒がホールの状態でゴロゴロ出てくるのだ。どれほどインパクトがある味か想像つくだろう※。

一方、白湯スープはこってり濃厚な優しい味。汗をかきつつ交互に食べると、口飽きせずに楽しめる。

この店の人気の理由はメニューにもある。「逸品火鍋」のメニューは常時約３００種類。そのうち年に4回、20～30品を入れ替えている※。メニューの入れ替えは手間はかかるが、綾川さんによると「お客さんを飽きさせないため」の工夫だという。

客層は中国人と日本人が半々ぐらいだという同店。中国人客の比率が高い池袋中華街では珍しい傾向だが、そういえば近年ラーメン業界でも「カラシビ系」が流行っているし、日本人の嗜好が幅広くなっている証なのかもしれない。今後は日本スタイルの居酒屋も検討中とのことで、火鍋同様、なんともパワフルです。

※麻辣スープの辛さ
花椒に耐性のない人にとっては少々ハードルが高いが、事前に申し出れば、辛さは調節できる。不安な人は注文時に辛くしすぎないように頼んでおこう。

※メニューの入れ替え
1年で約１００点が入れ替わる計算。全メニューの実に３分の１が「２軍落ち」しているわけだ。

【羊好きには堪らない池袋中華街の新名物】

野性味溢れる「羊の脚の丸焼き」

「池袋ならでは」のディープな中華料理を体験したい人にお勧めなのが、ここ「聚福楼」※だ。

「逸品火鍋」を駅と反対に少し進んで、すぐに左に折れて20メートルほど先。ロサ会館に隣接するビルのエレベーターがディープ中華への入り口だ。

●鼻孔をくすぐる羊の香り

エレベーターで4階へ上がり、店の入口でもあるドアが開いた途端、風邪でもひいて鼻を詰まらせていない限り（詰まっていても？）、そこに立ち込める「羊臭」に気づくはず。そう、ここは「羊の丸焼き」がウリの、東北料理の専門店。なかでも吉林省の、北朝鮮の国境に近く、朝鮮族が多く住んでいる地域の「延辺料理」が食べられる店なのである。

池袋に延辺料理を出す店は多く、それらの店では細長い金属の串に肉を刺して焼く、いわば日本の焼き鳥のような料理をメーンに出している。が、ここでは「他店と同じことをしても面白くない」とそうした料理は一切皆無。その代わりに出しているのが、名物の「烤羊腿」——「羊の丸焼き」である。

※聚福楼（じゅふくろう）
【住所】東京都豊島区西池袋1-37-16 大雄ビル4F
【営業日】年中無休
【営業時間】11時半〜翌2時

聚福楼の店内

塊で登場する羊肉。インパクトありすぎ。

店長を務める蕾蕾《レイレイ》さんによると、羊は後ろ脚の方が普段多くの動作を必要とする分、肉が締まっており脂ものっているのだとか。ただし、量が五人分と多く、入荷する量も日によってまちまちなため、事前に予約しておくのがベター。なお、スペアリブ※もお勧めだが、骨付き肉は「慣れてない日本人には食べづらい」ため、初訪問ではまずは脚から攻めるのがいいという。

●大迫力の羊の脚の丸焼きに興奮

ということで、この日は事前に予約しておいた「後ろ脚」を体験。席につき、キムチや炙ったピーナッツなどのお通し※を食べながら待つこと数分。店員さんが卓上に網を運んできたときからが、めくるめく羊祭りの始まりである。

網に続いて、専用の金属の棒に串刺しになった巨大な羊肉の塊が運ばれてくるのだが、まずこの肉がケタ外れにデカい。向かいに座る人の姿がすっぽり覆われるほどで、テーブルの真ん中にドン、とセットされたそのビジュアルはまるで何か宗教的な儀式の最中のような感覚すら

※スペアリブもお勧め
聚福楼で食べることができる羊の丸焼きは、背中（スペアリブ）、前脚、後ろ脚の３種類。値段は、背中の丸焼きが３８００円、前脚の丸焼きが４６００円、後ろ脚の丸焼きが５８００円。

※お通し
朝鮮族が多く住む地域の料理だけあって、韓国風の味付けのキムチや和物などもあった。

キュウリの和物

覚える。こ、こんなに食べられるかな……。思わず自分の空腹具合を確認してしまう。

　こちらが呆然としている間にも、肉はジリジリと炙られていく。目の前で焼いているので当然だが、待っている間はとにかく暑い。勝手に汗が噴き出るほどの暑さ（熱さ？）である。できれば秋以降に通いたいと思ってしまうが、蕾蕾さんによれば夏場も人気のメニューなのだとか。羊は体を温め、汗をかけるから※健康にもいいそうな。デトックス効果のようなものだろうか。

肉はスタッフがハサミで細かくしてくれる。断面は綺麗なレア状態。

　そろそろいいかな、というころ、片手に大きなハサミを持った店員さんが颯爽と登場。表面がこんがり焼けた肉をトングで支えながらジョキジョキと器用に切り刻んでいく。切り落とされた肉はまだ完成ではなく、中はまだ綺麗な赤色でレア手前状態。下の網の上に落ち、そこであと少しじっくり焼かれて完成だ。

　と、ここまでが一連の流れだが、目の前で巨大な肉塊が焼けていく様は見ているだけでも楽しい。ちなみに肉にハサミを入れる前に、写真を撮らなくていいのか親切に尋ねてくれるので、Facebookや

※健康にもいい
蕾蕾さんによると、中国東北部では「羊は漢方薬」だという。冬場は厳しい寒さになる東北部では、羊や犬などの体を温める食材が重宝されているのだという。

Twitterで友達に自慢したい人はこのタイミングで撮影しておくのがいいでしょう。

さて肝心の味はというと、羊肉に特有の臭みはほとんどなく、軽く塩味が付いていて旨味が強くすこぶるジューシー。クセがほとんどないので、羊が嫌いな人でも問題なく食べられそうである。そのまま食べてもいいが、卓上に並べられた唐辛子やクミン、炙った胡椒入りの塩などをつけて食べてもよし。コチュジャンをベースにしたソースも口がさっぱりしてお勧めだ。

客層は中国人が大部分。絶えず中国語が飛び交う店内はほとんど「リトル中国」である。ただ最近は日本人客も増えているようで、中国人と一緒にきた日本人が友達を連れて来るケースが多いという。

オープンは2012年の11月と比較的新しく、老舗が多い池袋の中華料理店ではニューカマーに属する。蕾蕾さんは吉林省の延吉市出身。10年前に留学生として日本にきて、現在は留学先の学校で知り合った遼寧省出身のご主人と暮らしている。

「店名は『ここに福があり、みんなが集まる』という意味。この店で、お客さん同士が知り合いになれる。ここで縁ができるんです」

と蕾蕾さん。池袋に集まる中国人に「ふるさとの味を食べさせたい」※との思いで店はスタートしたという。たしかに、ワイワイと大人数で囲む羊の丸焼きは単なる食事のテリトリーを越え、もはや極上のエンタテインメントの域。〝縁〟を作るには最高の環境なのかも。

なお、もしこれを読んでこれから行ってみようと思った人には、あまりいい服を着ていかないことをお勧めする。食後は満員電車もできるだけ避けるのがベター。実体験からの忠告です。

※ふるさとの味
「聚福楼」では、羊の丸焼きの他にも、「うさぎの丸焼き」や「犬肉とネギの冷菜」、「カエルの炒めもの」などの変わり種メニューもある。ちなみに「うさぎの丸焼き」は4600円。興味のある人は挑戦してはいかがだろうか。

羊の丸焼き以外にも各種料理がある

【羊肉の串焼きからカイコの串焼き、犬鍋まで…】

池袋で味わう奥深き「延辺料理の世界」

延辺料理と聞いて、「ああ、あれね」と即答できる人はかなりのアジア通だろう。先ほども触れたが、延辺とは中国東北地方の吉林省にある朝鮮族の自治州のこと。特定の地域の独特な料理のため、なかなか味わう機会はないが、そこは世界の食都トーキョーのディープ中国、池袋。「延辺料理」をウリにした店は複数存在する。そのなかでも一番の老舗とされているのが「四季香」※だ。オーナーの片桐さん、金さん夫妻は2000年に新大久保にオープンした「千里香」を知人から譲り受けたのをきっかけに、2007年に池袋に「四季香」本店を、2010年に隣のビルに新館を開店。今では府中市や茨城県にも系列店を広げるなど、「延辺料理」を日本に広めたパイオニア的存在である。

●アジア好きが喜ぶ個性派メニュー

地下に続く階段を下りて店内に入ると、スタッフはもちろん、客も圧倒的に中国人だらけ。たまにどこからか漏れ聞こえてくる日本語がなんだか新鮮だ。とりあえず席を確保して料理を注文。四川や上海などメジャーな料理もあるが、せっかく専門店に来たので、この日は延辺料

※四季香（しきこう）
【住所】東京都豊島区西池袋1・43・3日精ビル1F
【営業日】年中無休
【営業時間】11時〜翌5時

四季香

羊の串焼き、牛の血管の串焼きなど。クミンがたっぷりまぶされている。

理中心で構成してみた。羊の串焼きや※カイコの串焼き、牛の血管炒め、センマイ和え、東北板春雨（太い春雨のサラダ）などなど、アジア好きなら文字面だけで好奇心を掻き立てられるメニュー群だ。

羊の串焼きはクミンをはじめ20種類以上のスパイスがたっぷりまぶされていて食感もジューシー。血管炒めもクミンとニンニクが効いていてコリコリとした歯応えが楽しく、香菜がのったセンマイ和えはさっぱりした酸味がありつつ、予想を上回る激辛具合でヒハヒハと忙しく楽しい。辛味と酸味が際立っていて猛烈にビールが進む味付けである。

個人的に唯一箸が伸びなかったのはカイコの串焼きぐらいか。カイコそのものが鉄串に数匹刺さっているというインパクトありまくりのビジュアルではあるが、外見と裏腹に味がないのがなんとも不気味……。もっとも、金さん曰く「中国人客には人気」だそうで、こればかりは好みの問題というしかないか。見かけはモロにアレだけど栄養豊富らしいので、興味ある人はぜひ試してみてください。ちなみに炒めてある方が食べやすいそうです。

※カイコの串焼き
「四季香」のカイコは存在感抜群で、大人の親指くらいの太さがある。全体的に黒っぽく、正直、口に運ぶのにかなりの勇気と決断がいる。

カイコの串焼き

フナの延辺風煮込み（1680円）。延辺料理の代表的な一皿だ。奥に見える小鍋は犬鍋（二人前1570円）。

●食が池袋に朝鮮族を呼んだ

メニューは常時200点以上を数え、年に数回入れ替えも行う。「中華はコックの腕次第」なので、店を始めるにあたってツテを辿って国家認定の特級厨師[※]の資格を持つ腕利きコックを探したそうで、上海料理や四川料理も自信があるという。普通の（？）中華料理もどれもクオリティが高いので、カイコや犬肉に抵抗ある人でも安心だ。

「池袋には華僑のお店が200店以上あり、中国人の小さな社会があります。この街は中国人の日常を支える街になっていますね。以前は、朝鮮族の人は四季香ができるまでは（池袋に）来なかったのだけど、最近はたくさん来ます」と金さん。人を動かすのは、いつの時代も食欲なのである。

中国人の生活に密着する池袋で、ディープな中華料理を提供し続けている四季香。リアルな中国は、池袋駅からほんの数分の地下に広がっているのだ。

※国会認定の特級厨師
かつて中国に存在した、料理人に与えられる資格。経験を積み、たしかな技術を持つ調理師に付与された。現在では制度が変わり、「高級技師」が料理人に与えられる資格の最高位になっている。

【在日中国人の胃袋を支える池袋中華街の台所】
都内最大規模の中国スーパーに潜入

池袋駅北口を出てすぐ、左手にこの辺りでは比較的高層の7階建てのビルがある。店の存在を示す電光掲示板は出ているものの、ビル入口は狭く、エレベーター乗り場は奥まった場所にあり、おまけに建物全体はなんだか猥雑で怪しい雰囲気で、入っているテナントもよくわからない……。

なかなか一見客にはふらりと入りづらい環境だが、思い切って4階まで上ってみよう。エレベーターを出ると、そこは1フロアを丸々使った広大なスーパー。目に飛び込んでくるのは漢字だらけの調味料や肉類、野菜、それに巨大な水槽とその中で泳いでいる魚……。ここが「東京で一番大きい」と言われている、巨大中華食材店「友誼商店」※だ。

●見ているだけで楽しい、エンタテインメント空間

友誼商店の開店は2010年2月。実はここ、以前は「知音中国食品店」という、同じく中国食品がメインのスーパーがあったところ。知音は2009年に倒産し、その後釜として友誼商店がスタートした。知音と友誼商店に資本関係はないそうだが、そのDNAは確実に引き継

友誼商店

※友誼商店（ゆうぎしょうてん）
【住所】東京都豊島区西池袋1-28-6 大和産業ビル4F
【営業日】不定休
【営業時間】10時〜24時
【URL】http://www.youyi.jp/

がれており、圧倒的な商品数は今も健在。中華料理好きなら棚を眺めているだけで時間が潰せてしまう、魅惑のエンタテインメントスポットである。

店長代理の崔さんにお話を伺うと、現在同店が扱っている商品数は1500から2000点。ざっと簡単にジャンルを羅列してみると、調味料、お茶、酒、ジュース、麺、野菜、肉、鮮魚、小籠包や餃子などの冷凍食品、お菓子、それにピータンや臭豆腐、唐辛子……挙げていけばキリがないが、とにかく膨大なライン※ナップである。家庭で本格的な中華料理を作ろうと思えば、ここだけで必要な材料は全部揃ってしまうだろう。

ビルの中とは思えない、広々とした店内

●池袋中華街の冷蔵庫

客層はやはりというか、ほとんどが中国人客。注文が入れば、近隣の中華料理店に配達も行っているという。それ以外の、日本人を含めた外国人客の割合は2割程度だ。

友誼商店では韓国食材も一部置いており、以前は韓国人客も多かったというが、今はベトナム人客が

※膨大なラインナップ
アヒルの卵ひとつとってもピータンと塩漬け卵に分類され、さらに産地で細かく分けられているほど。

豚の耳や腸詰めなどもバラエティ豊富な肉類（左）、アルコール類も中国酒を中心に取りそろえており、選びがいのあるラインナップだ（右）

増えているという。日本人は中国人の知人や友人に連れられてくるケースが多いそうだ。外から見ると営業しているのかどうかも分かりにくいため、一見客がふらりと立ち寄るというのはなかなか難しい面があるのだろう。

ただ、こうした特殊な店なので時々テレビで取り上げられることがあるそうで、そうしたときは一時的に訪れる日本人客が増えるという。

ところで、日本人客と中国人客では売れ筋の違いはあるのだろうか。崔さんに伺うと、それぞれ需要の違いはあるようで、たとえば中国人には冷凍の餃子や小籠包、それにお菓子などが人気だが、日本人はラー油などの調味料やレトルトのお粥、ピータンなどをよく買っていくという。

現在、友誼商店で働いている従業員は10人ほど。揃いの※カラフルなポロシャツを着て、広い店内をみなキビキビと動き回っている。友誼商店は東京のチャイナタウン、池袋北口に来る人々の胃袋を支えている「街の冷蔵庫」なのかもしれない。

友誼商店

※揃いのカラフルなポロシャツ
お店のスタッフは左のようなポロシャツを着ている。白黒でわかりにくいが、紫のベースにオレンジのプリントが入った鮮やかなポロシャツだ。

【スタッフは全員中国出身の中華美容室】

中国ビルの中にある隠れ家美容室

池袋駅北口を出て線路沿いを50メートルほど歩くと、左手に薄茶色で地味な外観のビルが見える。外から眺めている限りではただのマンションにしか見えないが、その狭い入り口を潜り、壁に貼られているプレートを見たならばその認識が間違いだったことに気づくだろう。プレートの文字は漢字、漢字、漢字……ちらほらカタカナが見える程度で、ひらがなに至ってはほとんど見当たらない。このビルは、中国系のテナントが多数入居する「中国ビル」なのである。

●ひっそりと営業する超隠れ家サロン

エレベーターに乗ったら11階まで上がり、廊下の一番奥まで歩いてみよう。開放されたままのドアに電飾のプレートが掛けられ、営業中ならそこにカラフルな文字で「ＯＰＥＮ」の文字が出ているはずだ。ここが中国出身の大谷さんが経営する隠れヘアサロン、「安迪美容室」※である。スタッフは全員中国人という〝中華美容室〟だ。

オーナーの大谷さんは中国東北部、黒竜江省のハルビン市出身。7年前に日本人女性と結婚

※安迪（アンディ）美容室
【住所】東京都豊島区西池袋1・29・14 オリエント池袋1107室
【営業日】不定休
【営業時間】10〜21時

安迪美容室

オーナーの大谷さん

し、日本に帰化した。来日したのは10年ほど前。もともと確固たる目的があったわけではなく、「遊びのような感覚で」日本に来て語学学校に通っていたが、そろそろ中国に帰ろうかな、と思っていたころ、中国の両親の会社が倒産。「帰っても仕事がない状態で」、さてどうしようと考えた末、「昔から他人の髪をカットするのが好きだった」ことや、語学学校の先生の勧めもあって、美容師の道を選択した。美容師の専門学校を卒業したあと、荻窪や新大久保、池袋などの美容室を転々として腕を磨き、2011年7月に「安迪美容室」をオープン。店は「池袋の中国人なら誰でも知っている」という駅前の〝中国ビル〟※に構えた。

「安迪美容室」はビルの一室という環境でキャパシティは決して大きくはない。室内に備え付けられた椅子は3席。内装も日本のヘアサロンに慣れた身からすると簡素だが、実はしっかりとリピーターを掴まえている人気店で、「多いときは一度に18人ぐらい（！）」来るときもあるとか。ビルの11階で、看板もナシ。情報誌の「隠れ家スポット」特集なんかでよく取り上げられる、言葉だけの「なんちゃって隠れ家」の店なんかより遥かに隠れ家的な、まさに「知るひとぞ知る」ヘアサロンなのだ。

●日本式の技術で勝負

近年、池袋北口エリアでは新規開店する美容室が拡大。年々競争が熾烈になっているが、大谷さんはそうした他店とは腕の違いで差別化を図る。中国人経営の美容室の中には中国で身につけた技術のみで勝負する店も少なくないが、「安迪美容室」は日本仕込みの技術がウリ。「日

※**駅前の〝中国ビル〟**
池袋駅北口エリアには、このビルの他にも中国系テナントがぎっしり詰まった中国ビルがいくつか存在する。外国人からすれば、一軒でも同胞のテナントが入っている時点で「外国人だから」と断わられる可能性は低いと判断しやすい。そうして必然的に外国人テナントの集まるビルが形成されていくのだろう。

本で習った技術があるのでスタイルには自信がある」と微笑む。ミャンマーの項でも触れたが、こと美容技術に関して、日本は「レベルが高い」というのが周辺諸国の共通認識のようだ。

客層はほとんどが中国人。※当初は男性客が多かったが口コミで店の評判が広がり、女性客も増えた。今では男女比は半々にまでなっている。現在では日本人を相手にした店を出すことも考えているると大谷さん。「技術やセンスが高い」日本人のスタッフを揃え、完全に日本人をターゲットにした日本式のヘアサロンをオープンする計画だ。

「いずれは中国に戻って店を出したい」と大谷さんは言う。故郷のハルビンか大連に、日本で学んだ技術を活かしたヘアサロンをオープンするのが将来の目標だ。

安迪美容室の店内。広くはないが清潔感ある雰囲気だ

知らなければまず100％辿りつけないハードルの高い店だが、2000円でカットしてもらえるうえ、池袋の最新情報なんかも聞けちゃうかもしれないので、興味を持ったら足を運んでみてはいかがだろうか。中国語も教えて貰えるかもしれません。

※客層はほとんどが中国人
大谷さんによると、「日本人のお客さんは全体の1％くらい」とのこと。

【日本語の曲もOKの中国語専門店】駅徒歩1分のディープな中国カラオケ

日本人のカラオケ好きはいまさら語るまでもないが、実は中国人もなかなかにカラオケ好きだ。北口エリアをぶらぶら歩いていると、「KTV」※や「卡拉OK」といった看板を目にすることがある。

これらは、いずれもカラオケ店を意味する言葉。2007年から中国語カラオケ専門店「富麗華」※を経営する綾川さんによると、「カラオケは中国人にとってすごくリラックスできる場所」だそうで、「富麗華」オープン当時は北口エリアでもカラオケ店は2店しかなかったそうだが、近年では続々と中国カラオケの大型店がオープン。この一年で新たに3店が競合店として加わったという。

●日本語の歌も楽しめる中国カラオケ

中国カラオケといっても、中国の曲が飛び抜けて多いという点を除けば日本のカラオケとシステムはそう変わらない。あえて挙げるとするなら、日本のカラオケ店がほとんど人数単位の料金体系なのに対して、池袋の中国カラオケの中には部屋単位の料金体系になっている店もあ

※「KTV」や「卡拉OK」
「KTV」はカラオケ&テレビの略。「卡拉OK」は日本語のカラオケに同音の中国語を当てたもの。

※富麗華（ふれいか）
【住所】東京都豊島区西池袋1-29-6大野ビル3F
【営業日】無休
【営業時間】13時～翌6時
【利用料金】1室60分500円～

このビルの3Fにある

ることぐらいか。そうした店では、ある程度の人数が揃えば格安の料金でカラオケを楽しむことができる。

また、池袋のカラオケ店の多くは「中国語専門店」で、基本的には中国人向けなので中国語や中国の歌に関する知識がないと厳しいが、中には日本語のカラオケシステムを常備している店も。

大人数用のパーティールームも完備。二次会での利用にばっちり。

「富麗華」もそうした店のひとつで、「中国語専門店」と謳ってはいるものの、日本の通信カラオケシステムと契約しているので日本語の歌もばっちり歌える。営業時間は午前11時から朝6時までと長時間営業しているので、飲み過ぎて終電を逃してしまった人も安心。小腹が減ったら「逸品火鍋」※から料理を取り寄せることもできる。

●まるでダンジョン！　隠れ家すぎる人気店

ただこの店、一見客にはなかなかハードルが高いかも。といっても別に料金が高いわけでもないし、店員さんも日本語が通じるので言葉の壁があるわけでもない。

※**逸品火鍋**
綾川さんが経営する火鍋専門店。くわしくは76ページ参照。

変わっているのはその場所で、北口駅前から徒歩1分程度と抜群の立地にあるのだが、フロントに辿り着くまでに細い階段をのぼり、突然現れる2階の中華料理屋の厨房の横を通り抜け、トイレの前を通り過ぎ、さらにそこから薄暗い階段をのぼって……と、「え、ほんとにここ?」という疑念を抱えたままビルの内部をうろつくことになる。そんなふうにドキドキしながら歩いていると、なんてことのないはずのビルがダンジョンに思えてきたり……。ここは香港の重慶大厦※か。もっとも重慶大厦とは違って、当然エレベーターなんてありません。駅前なのに、すこぶる隠れ家的だ。

といっても店内は、以前のオーナーから買い取った際に「衛生面を徹底した」というだけあって、明るく清潔。「(買い取る)前は店内をゴキブリが歩いていたり、トイレも中国の80年代のトイレみたいで(笑)」。もちろん今は日本のカラオケ店と遜色ないほど清潔な店内になっており、フロントで受付を済ませれば、こちらの人数に合わせて部屋をセレクトしてくれる。あとは、中国の青島ビールやライチサワーなど「中国的な」アルコールを頼んでワイワイ盛り上がるだけだ。

とはいえ、綾川さんによればやはり「お客の9割以上が中国人」だそうで、なかなか日本人客の獲得は難しい、とのこと。ただ、今は中国人客がメーンとはいえど、それでも中国人の友だちに連れて来られたり、中国やC-POP※に興味のある日本人客が楽しんでいくこともあるという。中国語を勉強している人は、ここでその成果を存分に発揮してみてはいかがでしょうか。

※重慶大厦（チョンキンマンション）
香港の巨大複合ビル。内部には安宿がひしめいていて世界中からバックパッカーが集まる。飲食店や雑貨店などもギチギチに詰まっており観光地としても有名。2基あるエレベーターは奇数階と偶数階で分かれており、待ち時間が途轍もなく長い。

※C-POP
中国や台湾など中華圏のポップスのこと。中国カラオケでは本人出演のミュージック・ビデオに合わせて歌えるサービスもある（これを「MV」という）。

⑧ 台も雰囲気も中国なビリヤード場

【凄腕ハスラーが腕を磨き合う池袋中華街のプレイスポット】

中国で球技といえば、誰もがまず思い浮かべるのは卓球だと思うが、もうひとつ、実はビリヤードも人気であることをご存知だろうか。中国国内では「スヌーカー」※という独特のルールのビリヤードがポピュラーだが、2000年頃から通常のビリヤードのブームも到来。現在はスヌーカーともども幅広い層でプレイされているという。

●異国感満載のビリヤード場

池袋駅北口から徒歩5分。居酒屋の呼び込み競争が熾烈な、北口エリアでももっとも賑やかな大通りから風俗店がひしめく路地に入ると、左手に「ビリヤード」の看板が目に入る。ビルの入り口まで近づくと、緑色の立て看板には「全年600円/時（飲品半額）」と書かれ、お店のコピーは中華料理店の看板などでよく見かける中華フォント……。興味が湧いてエレベーターで3階まで上ると、目の前には白と黒を基調にデザインされたピカピカな入り口が現れる。ここが中国人の張さんらが経営するビリヤード場「ホットスポット（HOT SPOT）」※。池袋に集まる中国人ハスラーから熱烈に支持される、隠れエンタメ・スポットだ。

※スヌーカー
ビリヤードの一種。15個の赤いボールと6個のカラーボールを手球で交互に落としていく。通常のビリヤード台に比べ、倍近い大きさの台を用いることもあり、日本ではあまり普及していない。

※ホットスポット
【住所】東京都豊島区西池袋1・41・8 池袋グランド東京ビル3F
【営業日】無休
【営業時間】11時〜26時
【利用料金】3時間パック、男性1400円、女性1000円（12時から18時まで、ワンドリンク付き）0円（学割1時間600円・ドリンク半額）

ビル外観からは想像できない明るくオシャレな入り口

まだ新しい店内は約80平方メートルと広く、壁もピカピカと白く明るい。ビリヤード台は7台で、そのうち1台はポケットが極端に狭い特別仕様※のオリジナル台だ。通常、台のポケットの広さは球2・2個ぶんほどだが、この店のオリジナル台は球1・6個ぶん。通常の台に比べて非常に難易度が高くなっている。中国で愛されるスヌーカーの台に近い仕様になっているわけで、中国人客の好みを意識した、同国人ならではのサービスだ。

●ハスラーたちの国際交流の場

客は中国人が大半だが、日本人を含む外国人も多い。この日はオリジナル台でフィリピン人が華麗に球を撞いていて、なんとも国際色豊か。独特の雰囲気はこうした客層から醸成されているのだろう。

張さんによると、店は「客同士の交流の場になっている」。一般に、ビリヤードというと集中力がモノをいう競技の性質上、店内は球を撞く乾いた音だけが響き渡る……というイメージがあるが、「ホットスポット」はワイワイと賑やかだ。中国的な、というのが正しい表現かど

※**特別仕様のオリジナル台**
なかには腕を磨くためにわざわざこの台目当てで来る日本人プロもいるという。強者どもが常に空くのを待っている、「ホットスポット」の超人気台だ。

うかはともかく、他店と一線を画す雰囲気であることは確かである。

張さんは中国東北部のハルビン出身。２００２年に留学生として来日し、仙台の大学で学ぶ傍ら、ビリヤード場にせっせと通い腕を磨き続けた。卒業後は上京し、埼玉のインターナショナルスクールに中国人担当※として就職。２年前には日本で唯一の在日華人を集めたビリヤード協会を立ち上げた。

その後、２０１３年の8月に「ホットスポット」をオープン。「池袋に集まる中国人の生活を豊かにしたい」と、友人と二人で居酒屋の跡地を改装して立ち上げた。

「11年前に来日して以来、ずっと日本でビリヤードをみてきた」という張さん。店の展望については「まだまだ未開拓の市場がある」と意欲的だ。

「ビリヤード好きの日本人にぜひ来て欲しい。オリジナルの台や、私に挑戦してみてください」。張さん以外にも、台湾の女性プロなどスタッフも強者揃い。腕に覚えのある方は一戦交えてみてはいかがだろうか。

中国人はもちろんフィリピン人、日本人と多国籍なハスラーたちが腕を競い合っている。

※中国人担当として就職
現在も昼は学校、夜はビリヤード場という二足のわらじを履いて、忙しい日々を送っている。

【格安料金で飲める池袋中華街の隠れ家的スポット】

中国人美女と飲めるガールズバー

散髪してさっぱりしてから、美味しい中華料理を堪能し、カラオケとビリヤードでストレスを発散して……と池袋のプチ中国ツアーをひと通り満喫したら、最後は酒を飲んでほろ酔い気分で締めよう。

池袋駅北口から駅を背に線路沿いを進み、3分ほど歩くと「へいわ通り」の入り口が現れる。同じ北口エリアでも、ロサ会館周辺の猥雑で活気に溢れた一帯とはだいぶ雰囲気が異なり、必要最小限の照明しか点灯させていないのか、こちらはなんだか通り全体が薄暗く、怪しい気配が漂っていてディープな匂いがムンムン。はっきり言って、あまり一見客がふらりと足を踏み入れられる感じではない。人もまばらだし……。

だが、実はここ、今ではすっかり有名になった「永利」※や「阿里郎《アリラン》」など老舗の東北中華料理屋がある通りで、ディープな池袋中華料理を求める客が昔から足繁く通うエリアでもある。そして、この通りの入り口すぐにあるのがガールズバー「ドリームバー」※。ママさんはもちろん、スタッフの女の子も全員中国出身という、純度100%の「中国ガールズバー」である。

※「永利」や「阿里郎」いずれもメディアなどでよく取り上げられる、池袋駅北口エリア屈指の人気有名店。「永利（えいり）」は池袋駅西口にも支店がある。

●目指したのは健全なお店

店を取り仕切るのはケイさん。東北部ハルビン出身で、2003年に日本に来た。留学先の学校が池袋で、その後も池袋に店を開店した生粋の「池袋新華僑」である。

ドリームバー外観。「東北料理」の看板はケイさんの姉が経営する中華料理店。

学校を出てからは、はじめはお姉さんと二人で現在の「ドリームバー」の地下にある中華料理店※を経営していたが、店に来る日本人客が「驚くほど中国語が話せる人が多かった」ため、「バーを出したらイケるんじゃないか」と着想。2009年10月、ラーメン屋だった1階のテナントを借り、中国人スタッフのみの「ドリームバー」をオープンした。

池袋北口エリアには多数の中国パブやスナック、クラブなどがあるが、ケイさんが目指したのはそうした形態ではなく、「お客さんと友達になれるような」会話を楽しむ真面目な（?）バーだった。風俗店ひしめく池袋北口でアジア系……となると、なんとなく卑猥な方面を想像しがちだが、ここではいわゆる同伴などは一切ナシ。怪しい雰囲気の通りとは裏腹に、健全にお酒（と会話）が楽しめるバーなのである。

※ドリームバー
【住所】東京都豊島区池袋1-1-4プリモビル1F
【営業日】無休
【営業時間】18時〜ラスト
【URL】http://www.dreambar.jp/

※地下にある中華料理店
「京華閣」。広々とした店内で、「豚背ガラの醤油煮込み」などさまざまな中国東北料理が食べられる。もちろんお客は中国人が圧倒的。

オーナーのケイさん。明るいケイさんとの会話を目当てにくる客も少なくない。

店内はカウンター7席で、女の子は多いときで五～六人、暇な日だと三～四人がカウンターに立つ。当然、みんな日本語はペラペラなので中国語が話せなくても問題ない。店に来るのはほとんどが日本人客で「8割は中国語が話せる」というから、客層は気合いの入った中国好きがほとんどだが、一見客でも気軽に入れる落ち着いた雰囲気なのであまり気負わず入ってみよう。それでもどうしても入りづらい、という人には、開店直後の早い時間帯があまり客がいないのでお勧めだ。

●お店の女の子に受ける中国語のレッスン

この日、話し相手になってくれたのはハルビン出身のカオリさんと山東省※出身のナナさん。ともに店にきてまだ1年未満だというが、いろいろと話を振ってくれるのではじめてでもリラックスして会話を楽しめる。中国語を教えてもらったりもできちゃうので、中国語を勉強中の人はいいかもしれない。

カオリさんは来日5年目。はじめは長野県で派遣の仕事をしていたが、「親戚や友達がいた」

※山東省
中国東部の省。黄海に突き出すような形をしている。省東部の青島には、中華料理店でお馴染みの「青島ビール」の醸造所がある。

ので池袋へ来ることに。ナナさんは「日本が大好きな父親に『行ってこい』と言われて」やってきたという。ちなみにお店の居心地を聞いてみると、「お店の女の子はみんな仲がいいので楽しい。楽しくないと続けられないから」とのこと。カジュアルでくつろげるお店の雰囲気は、こうしたところからきているのかも。

開店してからの半年は「ぜんぜんお客さんがいなかった」が、少しずつ常連客がつきはじめるようになった。開店以来、客層がいいのが自慢で、なかにはお店のホームページを作ってくれる親切な常連さんもいるという。店で仲良くなって一緒に中国に旅行した人たちもいたし、地元の友だちに頼んで中国旅行中の常連さんを案内してあげたこともある。ワールドカップのときは、店のテレビで客とスタッフが一緒になって日本代表を応援した。

キャバクラやスナックに比べると、客単価は低くリーズナブル※なので、開店から4年経った今でも、店の経営は儲かって儲かって……というわけではない。月によっては「利益がゼロのときもある」というが、「お客さんと話すのが何より楽しい」から、店を閉める気など微塵もない。

日本が好きで日本に帰化し、「死ぬまで日本にいる」というケイさん。美味しい料理もいいけど、「人」と触れ合いたい、という人は、へいわ通りを目指してみると、思わぬ出会いがあるかもしれません。

※リーズナブル
ガールズバーのシステムは、1時間3000円（飲み放題）。女の子のドリンクは一律1000円。

【池袋中華街を知るインタビュー】

チャンスが眠る池袋中華街

連華商事株式会社
代表取締役
綾川陽子さん

●事業のために日本に帰化

貿易会社「連華商事」を設立したのは2007年の3月。同じ年の9月にカラオケ店「富麗華」を、12月には火鍋レストラン「逸品火鍋」をオープンしました。

連華商事を設立する前は日本の大学院を卒業して、池袋でサラリーマンをやっていました。でも、もともと心の中では起業を考えていたんです。それで、起業した当初にまず始めたのが貿易。これは思ったようにはうまくいかなかったのですが、ちょうどその頃、カラオケ店を買い取る話があったんです。資金は周りの知人や友人に借金して集めました。今思うとかなり思い切った行動ですが、成功させる自信はありました。

日本に帰化したのは2007年の9月です。

今は、いろいろと会社の土台ができましたが、帰化しなかったら、おそらく現在のようにはできなかったのかな、と思います。「逸品火鍋」をオープンしたときは銀行から融資を受けたのですが、こういうことも帰化していなければ難しかったと思いますね。やはり身分がしっかりしていれば相手も安心するんですよね。

最近では永住権がとりにくくなったこともあって、帰化する人が増えてきました。帰化する際の条件は、たとえば日本に5年間住んでいて、仕事も3年間続けていて……とか。日本語も話せないといけませんが、今はそうした諸条件をちゃんとクリアしていて、問題がない人であれば、ほとんど許可がおりるんですよ。一方、永住権は日本に10年間住んでいて、仕事を5年間続けていないといけなかったりでハードルが高いんです。

●「送金」から「仕送り」へ

私が学生のころに池袋に来ていた中国人たちは、お金に

【綾川陽子さん】中国東北部の遼寧省大連出身。1998年に日本に留学。大学院を卒業後、会社勤めを経て、2007年に起業し、貿易会社「連華商事」を設立。現在では貿易業に加えて、中国カラオケ「富麗華」、火鍋専門店「逸品火鍋」を経営している。

困っている人がほとんどでしたね。昔の人は「これしかない」という意気込みで働いていますから、今の若い子たちとは真剣さが違いますね。それと、昔の人は接客業の経験がある人が多かった。たとえば日本の居酒屋などで働いていた経験がある、とか。最近の子は、そういう接客業をやったことがない人が結構いるので、接客面ではまだまだという人が多いですね。今の若い人は旅行業界に行く人が多いんです。やはりそちらの方が給料がいいから。

留学してくる人は、今と昔ではだいぶ違います。私が留学で来た１９９８年当時は、自分の力だけで生活していました。学校も行きますから、たくさん働こうと思ったら、寝る時間をカットしなければなりません。当時は2時間、3時間しか寝なかった人が周りにたくさんいました。本当に疲れましたね（笑）。でも当時はほとんどの人が、働いて自分のお金で学費を払って生活するのが当たり前だったんです。学費や生活費で、どうしても年間１５０万円は必要。借金して留学してくる人も多かったですねえ。だから、日本に来てアルバイトをしないということは、当時はありえない、考えられないことでした。

今、留学生として日本に来ている90年代に生まれた世代は、親からの仕送りで生活するわけです。電話一本で親元から仕送りしてもらったり。昔はこっちで稼いで中国に送金したりしていましたから、ずいぶん変わりましたよね（笑）。夜にやることがないから、という理由で働く人もいたり。純粋に生活のため、という時代ではなくなっているんですね。背景には、経済的に中国が豊かになったということもあります。

●池袋に中国人が集まってきた

池袋にどうして中国人が集まってきたのかというと、もともと池袋には「(中国スーパーの) 知音」があって、そこにいろいろな中国人の会社やレストランが集まってきたんです。それに、池袋は大きな街だけど新宿よりは家賃が安いし、アクセスもいいし……それで現在のような環境になったんだと思います。今は、池袋には中国系の店がなんでもあります。自動車学校もあるし、保育園や幼稚園、病院、本屋さん、レストラン、カラオケ、電話会社、不動産屋、旅行代理店……中国人にとってはすごく便利な街ですよね。言葉の壁もありませんから、生活しやすい。

今も中国系の店はどんどん増えていますね。新華僑同士の交流もあります。私はいろいろな人脈をつかってワイワイと楽しむのが好きですね。同じ出身地の人同士で集まる同郷会とか、たくさんあるんです。私は遼寧省の大連出身なので、たとえば遼寧省の会、とか。池袋のこの近辺の人ともみんな知り合いですが、みなさん忙しくてなかなか会えないですねえ（笑）。

今は中華料理だけではなく、普通の居酒屋を経営する中国人も増えています。実際、日本の居酒屋のシステムは、経営的にも優れていると思います。ロスもコストも少ないですから。中華料理店とはぜんぜん違います。それに中華料理は、たとえばチーフがひとり変わってしまうと、同じ味が出せないから凄く困るんです。でも居酒屋であれば誰がやっても同じにできますし、オープンするのも比較的容易なんです。

私も今考えているのはそういう店。それでいて、伝統的な中華ではない、新しい物を創りだそうと思っています。まずは池袋で店舗を出してみようかな、と。新しい店では日本人客の獲得を目指します。だから、店長も日本人スタッフにしようと考えています。コックさんは中国人なのでコミュニケーションが大変だとは思いますが（笑）。

【第四章】東京の隠れインドタウン〜西葛西

西葛西インドタウン 地図

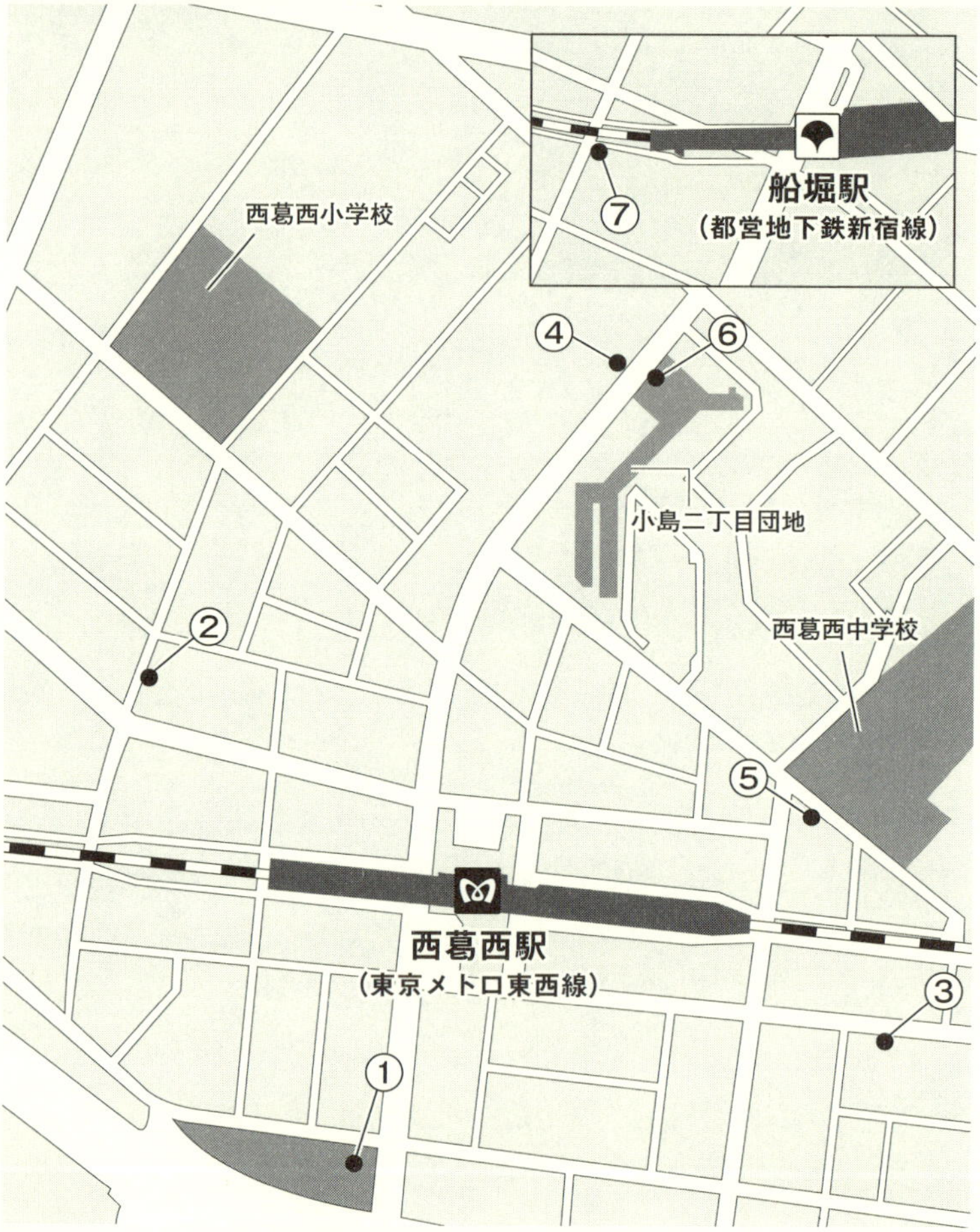

①東京ディワリフェスタ西葛西の会場「子供の広場」（→ 110 ページ）
②老舗インドレストラン「スパイスマジック カルカッタ本店」（→ 115 ページ）
③老舗インドレストラン「スパイスマジック カルカッタ南口店」（→ 115 ページ）
④レアな西インド料理が食べられる「印度家庭料理レカ」（→ 119 ページ）
⑤ビルの中のインド食材店「スワガット・インディアンバザール」（→ 123 ページ）
⑥オーナー自ら調合するスパイス専門店「TMVS フーズ」（→ 127 ページ）
⑦インド寺院で瞑想体験「イスコン・ニューガヤ・ジャパン」（→ 130 ページ）

閑静なベッドタウン、それがほとんどの人が西葛西[※]という街に抱く一般的なイメージだろう。実際、平日の昼間に駅前をぶらぶら歩いてみると、目にするのはスーパーからの買い物帰りの主婦や子ども、それに高校生と思しき若者たちぐらい。まあ何の変哲もない、フツーのどこにでもある住宅街の風景である。

都内随一のインドタウン、西葛西。駅前はどこにでもあるベッドタウンのそれ。

そしてそれは街並みも同様だ。東西線の西葛西駅前は北口と南口に分かれており、どちらも視界に入るのは居酒屋やラーメン屋、チェーンのコーヒーショップ、それにパチンコ屋……正直言って、歩いていても別に面白くない。当然デートしてるカップルなんてほとんど見かけない。いたとしたら、相当練れたカップルか単なる物好きかのどちらかだろう。要するに、どう考えても都心からわざわざ人が遊びに来るような趣の街ではない、ということだ。

だが、土日に街を歩いてみると、その様子はやや変質する。

もちろん休日だろうと何だろうと街並みがドラスティックに変化するわけはなく、そこは相変わらず、ありふれた街並みの様相を呈しているのだが、道行

※西葛西
江戸川区南部の街。人口約4万人。都営地下鉄東西線西葛西駅を中心にマンションが立ち並び、区内第二位の人口を誇る。日本一の高さの観覧車がある葛西臨海公園などが見どころ。

く人をよくよく観察してみると、なんだかちょっと雰囲気が違う……インド人だ。インド人が多いのである。サリーこそ着ていないが、スーパーの買い物袋をぶら下げたインド人の主婦、ジャンパーを羽織った逞しいヒゲを生やしたインド人の中年男性、クリクリした目の肌黒の子どもたち……そう、実は西葛西は、都内屈指の「インドタウン」だったのだ。

江戸川区に住むインド人の数は、区の統計によると2011年12月末の時点で2080人。東京都全体では同時期で約9000人となっているから、つまり江戸川区にその5分の1以上が集まっていることになる。※

住んでいるインド人は、ほとんどがIT業界に従事するエンジニア。インタビューの項でも触れたが、インド人が西葛西周辺に増加した背景には、あの「2000年問題」※があるという。当時、アメリカの先例を参考に、IT先進国であるインドの技術者を幅広く受け入れたのがそもそもの発端。そこを端緒として、続々とインド人エンジニアが来日する潮流が生まれたわけだ。

ちなみに2000年ごろからの江戸川区におけるインド人の人口推移をみてみると、2000年10月の時点では221人だったのが、3年後の2003年には503人と大幅に拡大。2006年には1171人に、2008年には2103人と急激に増えている。

まさに右肩上がりで推移していったわけだが、東日本大震災の影響によりこの流れは一時的に途絶する。放射能の影響を危惧し、この時期、江戸川区だけで300人近くのインド人が帰国したとされているのだ。それから徐々にだが、再び日本に戻ってくる動きが出始め、現在は

※東京都のデータ
東京都のデータによると、2013年10月時点で江戸川区に住むインド人の数は1929人。ここ数年は2000人前後で推移しており、その多くが、西葛西や船堀などの一帯に住んでいるとされている。

※2000年問題
当時のコンピューター・プログラムの多くは、年数を下2ケタで表現する仕組みだった。そのため、1999年から2000年に変わった際、表示が「00」にリセットされることで、コンピューターの誤作動等、大きなトラブルが生じるとされた問題。世界的に話題になった

震災前の水準に持ち直しつつある……というのが、大雑把な西葛西インド史である。

もっとも西葛西がインドタウンといっても、先に述べたとおり、池袋北口や新大久保のような明快なわかりやすさは、ここにはない。街中の看板や注意書きは別にヒンドゥー語じゃなく日本語だし、そこかしこにカレー屋が溢れているわけでもなければ、歩いていてどこからかクミンの香りが……ということもない。どこまでいっても平凡なベッドタウンのワン・オブ・ゼムである。

でもだからこそ、西葛西には新大久保や池袋とは違った面白さがあるともいえる。インド人が街並みに完全に溶けこんでいて、街をぶらぶら歩いていれば思わぬところでスパイス・ショップやインドレストランなんかに出くわしたりする。派手さはないが、ひっそりとさりげなく、インドがちらちらと顔を覗かせているのだ。

東西線で中野から約30分。浦安からネズミの国へ遊びにいくのもいいけど、たまにはちょっと手前で降りて、カレーの国へ遊びにいくのも悪くない。東京のはしっこで、隠れたインドを探してみよう。

が、実際はとくに大きなトラブルは起きなかった。

※浦安からネズミの国
東京ディズニーリゾートの最寄り駅といえば、京葉線・舞浜駅だが、東西線・浦安駅からもバスが出ている。バス乗り場は駅南口のロータリーで、所要時間は約25分。

【西葛西で開かれる年に一度のお祭り】
インドの祭典「東京ディワリフェスタ西葛西」

２０１３年11月の第2週の土曜日である11月9日。この日はあいにくの曇り空で、街を歩く人のなかには冬物の上着を羽織る姿をちらほらと見かけるほど冷え込んだが、そんなことは物ともせず、西葛西駅からすぐの公園には「ある祭り」に参加するため、近隣に住む大勢のインド人が集まっていた。祭りの名前は「東京ディワリフェスタ西葛西」。西葛西の一角がインド人一色に染まる、年に一度のインドフェスティバルである。

「ディワリ（Diwali）」とはインドの正月のようなもの。ヒンドゥー教徒が新年を祝うイベントだ。毎年この時期に日本でも各地でディワリを祝うイベントが開催されている。※

当然「東京のインド」こと西葛西も例外ではなく、これまでも毎年、この時期に「ディワリフェスタ」を開催してきた。フェスを支えてきたチャンドラニ氏によると、第1回の開催が、まだ西葛西が今ほど「インド化」していない１９９９年というから、なんと今年で14回目の開催となる。「日印国際友好祭」と銘打たれている通り、日本人ももちろん参加オーケー。インド人に交じって屋台のカレーを楽しむこともできるし、手順を踏んで申請さえすれば、演者としてステージに出演することだって可能だ（あまりいないけど）。

※日本で開催されるディワリ関連のイベント
有名なところでは、神奈川県横浜市の山下公園で開催される「ディワリ・イン・ヨコハマ」がある。横浜市がインドの都市ムンバイと姉妹都市だった縁で開かれるようになったという大規模なイベントで20万人以上が参加。２０１４年は10月18日、19日の2日間にわたって開催される予定。詳しくは、http://diwaliyokohama.org/ を参照のこと。

●延べ6000人が参加するイベント

2013年の会場となったのは、西葛西駅南口を出て徒歩3分ほどのところにある「子供の広場」※。「ディワリ」は、もともとは区民会館を借りて数十人でこじんまりと行っていたイベントだったが、西葛西に住むインド人が増加していくにつれ参加者も拡大していき、いつしか500人を突破。会場が手狭になったため場所を屋外に移したところ、参加者はさらにどんどん膨れ上がり、いまでは延べ6000人を超える大イベントとなった。

秋に開催されるインドのお祭り、ディワリフェスタ。会場になった子供の広場は右を向いても左を向いてもインド人だらけだ。

この日も、今にも雨が降り出しそうな曇天模様だったにも関わらず、会場は人が溢れんばかりの盛況ぶり。参加者の6割以上はインド人だ。通常、代々木公園などで催されている各国のフェスティバルは客のほとんどが日本人であることを鑑みると、現地色が強いというかなんというか。

出店している屋台は10店で、そのうち食べ物の

※子供の広場
地下鉄東西線・西葛西駅南口からすぐ。園内に特徴的な恐竜型の遊具が2つあることから「怪獣公園」「恐竜公園」などとも呼ばれる。
【住所】東京都江戸川区西葛西6‐11

ディワリフェスタのインド料理の出店。よく知ってるメニューから初めてみるメニューまでいろいろ。わからないときはお店のひとに聞いてみよう。

屋台は5店。代々木公園のフェスには規模で比べると一歩どころか七歩ぐらい劣っていると言わざるを得ないが、現地の雰囲気をより濃厚に味わえるという意味ではこちらの方が楽しいかも？　なにしろ、これほど多くのインド人たちと場を共有できるイベントはそうないのだから。

●本場のグルメも堪能できる

さて、公園に入ったらまずはさっそく腹ごしらえといこう。公園内は常にスパイスの香りが漂っており、立っているだけで食欲が促進されること請け合い。ぶらぶら屋台を見て歩いて、気になる料理があったら遠慮せずにお店の人に尋ねてみよう。おそらくみな、極上の笑顔で誇らしげに料理の説明をしてくれる（はずだ）から。

出店しているのはもちろんみなインド料理の屋台だが、出しているメニューはそれぞれ少しずつ違う。共通しているのはインドの炊き込みご飯ことビリヤニやサモサ、カレープレートなどで、そこに各店独特の品目が加わっている。この日は、インドの港町ムンバイ※の路上でよく

※ムンバイ　インド西部の港湾都市。インドの経済と文化の中心的な存在で、なかでも「ボリウッド」と呼ばれる映画産業が有名。

売られているという「パオバジ」※や、ひよこ豆カレーが盛られたビリヤニなどを買ってみた。「パオバジ」はタマネギやじゃがいも、人参、豆、コーンなどの野菜を主としたカレーで、パンと一緒に食べるのが特徴だ。カレーというとライスかナンが一般的だが、バクーが塗られたコッペパンも意外にカレーと相性がよくて面白い。ビリヤニも辛味の中に爽やかな酸味が感じられて、思わずもう一杯食べたくなる衝動に駆られてしまう。食後は定番のチャイも忘れずにグビリ。ラム酒入りのチャイを出す屋台もあって、肌寒い日にはありがたい。

日が暮れてくるにつれ、ステージの盛り上がりもピークに

●手作り感満載の出し物でインドを満喫

食べ物以外の屋台では、服飾品や雑貨、それにレトルトカレーや紅茶などの食料品を売る店が5店、公園を囲むように軒を連ねていた。中にはインド産のビールやワインを販売する店も。インドワインは普段あまりお目にかかる機会がないが、西葛西のインド系レストランや食材店ではしばしば見かけることがあり、さすがは東京のインドだなあ……と思わず感嘆してしまう。

※パオバジ
「パオ」は「パン」、「バジ」は「すりつぶしたジャガイモとトマトのカレー」の意味があるそうだ。カレーに小ぶりのロールパン2つがついて500円。

パオバジ

ステージ前にはiPhoneで子どもたちの踊りを撮影するインド人がズラリ

カレーやビリヤニなどの屋台メシで腹が一杯になったら、今度はステージに目を向けてみよう。公園奥に設置されたステージ上ではサリーを纏った女性や子どもたちが、この日のために練習してきた母国の歌や踊りをスピーカーから流れる音楽に合わせて代わる代わる披露している。パフォーマンスはだいたい10分程度。観衆の多くはiPhoneで写真を撮ったり動画を撮影していたりして、なんとなく小学校の運動会を彷彿とさせる光景である。やはりというか、この日も一番会場の視線を集めていたのは子どもたちのインド舞踊でした。

西葛西という、そこに住む人以外はあまり立ち寄ることのない地味な街の片隅が、突然インドになる一日。タイフェスなど代々木公園で開かれているビッグイベントに比べると規模は小さく、出店数も少ないが、そのぶん現地ローカルの濃厚な雰囲気がぷんぷん醸し出されていて、プチ旅行気分が味わえる楽しみがある。わざわざ行列に並んで料理を買う必要もないし、年に一度のインド祭り、来年はぜひ参加して、パスポートのいらないインドを堪能してみてはいかがでしょう。※

※２０１４年のディワリフェスタ
「ディワリフェスタ西葛西」の最新の情報は日印協会のＨＰで公表されているので興味ある人はこちら（http://www.japan-india.com/release/view/541）をチェックしてみよう

【インドタウンの胃袋を支える老舗レストラン】
インド料理「スパイスマジック カルカッタ」

多くのインド人が集まるこの街で、古くから変わらぬ支持を得ているのが「スパイスマジック カルカッタ」※だ。同店は2002年に本格的なインド料理店としてスタート。西葛西の「インド人の父」チャンドラニ氏が、来日したベジタリアンのインド人のために食堂を開設したのがそもそものはじまりである。

やがてインド人だけでなく近隣の日本人にも評判となり、「カルカッタ」は本格的なインド料理レストランとして発展することになる。現在は駅の北口と南口でそれぞれ北インド料理、南インド料理と、異なるスタイルの味を提供している。コンセプトは食堂としてオープンしたころから一貫して「現地の味」。故郷の味を渇望するインド人たちのニーズに応え続けている、おそらく西葛西でもっとも有名なインド料理店だ。

●インド人も納得の「現地の味」

店は西葛西駅北口を出て目の前の大通りを左に進み、5分ほど歩いたあたり。閑静な住宅街のなかで一際目立つ黄色い看板と、大きく貼りだされたインド料理の写真メニューが目印だ。

※スパイスマジック カルカッタ本店
【住所】東京都江戸川区西葛西3・13・3
【営業日】無休
【営業時間】11時～14時半／17時～22時

スパイスマジック カルカッタ本店

名物のマトンカレー。見た目はマイルドだが辛さもしっかり利いている。

店を仕切るのは店長のキショールさんと、シェフのラールシンフさん。ともにインドの一流ホテルで働いた経歴をもつベテランだ。※店内はコの字型で、入ってすぐのカウンター席とテーブル2卓のエリアと、細長い通路を抜けた先のテーブル席のみのエリアに分かれている。一見狭く見えるが、全部で40人は収容できるキャパシティだ。内装は黄色と赤がベースで、レンガが効果的に使われていて店内は温かみのある雰囲気だ。もとは白を基調にした内装だったが、「明るい雰囲気を出そうと」数ヶ月前に改装。チャンドラニ氏の娘さんの意見が反映されているとか。

野菜料理を豊富に用意しているのが「カルカッタ」の特徴だ。ナスやオクラ、ほうれん草、豆やカリフラワーなど、定番メニューに加えて季節によって旬の野菜を使ったカレーを出している。ベジタリアン用のカレーを出していたころからの流れだ。チャンドラニ氏のお勧めはほうれん草のカレーで、「量がたっぷり入っているうえ、温野菜なので、消化にもいい」とのこと。

もとはベジタリアン用のカレーを提供していた同店だが、現在はマトンカレーなど肉類のカ

※スパイスマジック カルカッタの店内
店内はスッキリと片付いており、とても清潔。

店内の様子（カウンター席）

レーもラインアップに加えている。

取材で訪れたこの日はマトンカレーを注文してみたが、「ウチのマトンカレーは良い肉を仕入れて、調理前にも下処理をしっかりしています」とのことで、羊にありがちなクセのある匂いがなく、スパイスと肉の旨味を堪能できる。チキンカレーも大ぶりにカットされた鶏肉がゴロゴロ入っていて食べごたえがある。辛さも案外ワイルドにしっかり効いているので、辛いもの好きにもお勧めしたいひと皿だ。

シェフのラールシンフさん（左）。スタッフはみな陽気で親切。

平日は日本人客が多いが、週末はインド人客が増えるとチャンドラニ氏。インド人と日本人では利用の仕方にも違いがあるという。

「インドの人はまず前菜としてサモサやパコラ※を頼んで、それからカレーを食べ、最後にデザートやチャイを飲みます。日本の方はまだカレーに前菜、という意識が定着していないので、あまりそういう食べ方はしません。本当は前菜を食べてカレーを食べてデザート、という流れがあるんです」

いわばコース料理のようにカレーを楽しむ、とい

※パコラ
豆の衣で野菜などを揚げたスナックで、インドでは軽食やおやつ感覚で食べられているもの。中身は野菜中心だが、チーズを入れたものもあったりして、外はサクサク、中はホクホクと食感も楽しい。小麦粉や卵は一切入っていないので、アレルギー持ちの人でも安心して食べられるのが特徴だ。

パコラ（右）とサモサ（左）

う感覚だろうか。ひと口にカレーと言っても、食べ方は意外に多様なのだ。

●インド産アルコールもご一緒に

　ところで、インドといえばヒンドゥー教。酒はあまり好まれないイメージがあるが、実際は地域によりけりのようで、インド国内では意外にも魅力的なビールやワインを作り出している。※が、カレーと酒の組み合わせがイマイチ日本では定着していないせいか、アルコール類を注文する客は少ない。

「インドのビールやワインは美味しいんですが、知っている人が少ないのであまり頼まれません。カレーだけ食べてどっかに飲みにいっちゃう（笑）」

　でも、考えてみれば中華料理店では老酒を飲みたくなるし、フランス料理やイタリア料理のコースにワインを合わせるのはほとんど常識だ。おでんや鍋料理を食べるときは多くの人が日本酒を頼む。そう考えると、カレーとインド産ビールやワインも、いずれは定番になる日が来るのかもしれない。サモサやパコラなど、酒のつまみには「もってこい」のメニューもあるし。

「お店は毎日が苦労ですよ（笑）。でも、今はビジネスというより、インドの食文化を知ってもらいたい、という気持ちでやっています」とチャンドラニ氏。今は、江戸川区の名産品である小松菜を使ったサモサなど、日本とインドの食文化を融合させたメニューの開発にも取り組んでいる。チャンドラニ氏は今も頻繁にお店に顔を出しているので、見かけたら思い切って声をかけてみるといいかも。西葛西の歴史や最新事情などの面白い話が聞けるはずだ。

※インドのアルコール事情
アルコール類の販売を禁止する州があるなど、飲酒に対して厳格な印象があるインド。しかし、実際には酒好きのインド人も少なくなく、デリーなどの街中にある酒屋にはインド人男性たちが後ろめたそうな顔で行列を作っていたりする。アルコール類の製造も盛んで、インドビール「キングフィッシャー」などの銘柄を持つユナイテッド・ブリュワリーズは世界第二位の蒸留酒製造量を誇る。

【ナンは出さない、こだわりのインド料理店】

西インド料理「印度家庭料理レカ」

インド料理、と聞いて、何を思い浮かべるだろうか。まず誰もが真っ先に思いつくのがカレーだろうが、おそらく、次に頭に浮かぶのはナンだろう。カレーといえばナン、ナンといえばカレー。このふたつが、今や日本におけるインドカレー屋の組み合わせとしては不可分で、ほとんど「セット感覚」で捉えられていることに異論を唱える人は少ないだろう。

●もちもちとした絶品チャパティ

そんな国内ではほとんど常識になっている形式を捨て、あくまでナンを出さない「正しいインドの家庭料理」を提供し続けているのが「印度家庭料理レカ」※だ。店長兼副代表のヨギさんによると、「インドの家庭ではナンはほとんど食べません」。替わりにインドの家庭で消費されているのが、チャパティ。インドの多くのお母さんたちは、この全粒粉を捏ねて焼いたチャパティを、家で日々せっせと作っているのだという。

当然、こちらのお店で出しているのもナンではなくチャパティ。そこに、西や南インドのカレーを中心にいろいろな地方のカレーを組み合わせたセットを提供している。カレー以外にも

※印度家庭料理レカ
【住所】東京都江戸川区西葛西3-22-6
【営業日】月曜定休
【営業時間】11時〜14時半／17時半〜22時
【URL】http://www.rekacorp.com/

印度家庭料理レカ

インドの街中の食堂を思わせるような店内。メニューは英語と日本語併記、料理は銀色のトレーに載せて出される。

日本のインドカレー屋ではあまり聞いたことのない西インドの料理が食べられたりして、独特の「西インドワールド」を堪能できる珍しい一軒なのである。

「印度家庭料理レカ」のオープンは２０１２年の末。店を開いたのは、ヨギさんのお母さんで「レカ」の代表を務めるレカさんと息子のチンメイ君がインフルエンザに罹り、「食事にすごく困って、家庭的なインド料理店があれば、と思った」ことがきっかけだ。

もともと油を多用する既存のインド料理店に不満を抱いていたこともあり、思い切って店を一家でオープン。ヨギさん自身は普段は某外資系ＩＴ企業の日本支社長を務めており、経営面でのサポートが中心だが、休みの日にはエプロンを着けて店に立ち、配膳を手伝うチンメイ君と一緒にレカさんを支えている。※

●ボリューム満点の人気セット

※レカさんとヨギさん親子
お店を切り盛りするオーナーのレカさん（右）と、息子のヨギさん（左）。

レカさんとヨギさん

そんな「レカ」で提供している人気メニューのひとつが1200円の「スペシャルセット」。100％全粒粉で作るしっとりもちもちの手作りチャパティ2枚に、日替わりのカレーが2種類、それにチキンビリヤニとサラダ、デザートまでが一通り楽しめる。

スペシャルセット（1200円）。カレー二種類とチャパティ、ビリヤニなどが付いてボリューム満点！

カレーはほどよく辛く、しっかりと旨味がありつつスパイスが香り立ち後味はさわやか。看病から生まれただけあって食欲がないときにも食べられそうな優しい味わいです。

セットに含まれる「チキンビリヤニ」はレカの「一番の人気メニュー」で、最高級のバスマティ米をカレーソースと一緒に特殊な鍋を使って一時間弱火で炊きこんだもの。赤、黄、白、茶色とカラフルなご飯がパラパラとほぐれてこちらも後を引く味わいだ。ビリヤニは正確には北と南インドで主に食べられているらしいけど、ま、この際そんなことはどうでもいいでしょう。

お店では、他にもミックス豆のカレー※とパンの「ミサル・パウ」やタピオカのカレー風炒めの「サブダナ・キチュディ」、玉ねぎとライスフレークの

※ミックス豆のカレー
ちなみに西インドでは、豆の栽培が盛んなことから豆カレーが有名とのことで、「レカ」でも豆はインドから直輸入しているのだとか。

揚げた豆粉のシロップ漬け「グラブジャムン」

「カンダ・ポヘ」など、普段目にする機会の少ない独特の西インド料理をメニューに載せている※。デザートも豆粉を揚げてシロップに漬けたものなど風変わりな皿があって、インド料理の未踏の領域を経験できる。うーん、インド料理にもいろいろあるんですねえ。

今の「レカ」の客層は日本人とインド人が半々。かつてヨギさんも住んでいたという近隣の団地からの常連客も多い。「知り合いの奥さんがインドに帰国するときも、『ヨギさんのお店があるから安心して（夫を残して）帰れます』と言ってくれるんです」と地元のインド人からの信頼も厚い。今は「お弁当を作ってくれ、といろんなお客さんに言われているんです」とのことで、もしかしたらそのうち西インド風弁当なんかも食べられるかも？

※レカのメニュー
インド人客が多いこともあってか、レカの料理はいずれも価格が抑えめ。ミサル・パウなどは500円で食べられる。

【〝ウェルカムチャイ〟でインドな会話を】
雑居ビルの中の陽気なインド食材店

東京のインド、西葛西。土日に街を歩けば、家族連れのインド人がそこかしこにいて、カレー屋を覗けばやはりワイワイと楽しそうにナンを頬張るインド人で一杯だ。

とはいえ、家族連れにいきなり話しかけるわけにはいかないし、もちろんカレー屋で隣合わせただけの、のんびりチャイを啜っているインド人にフレンドリーに「ナマステ！」なんて声は掛けられない。せっかく東西線に乗って遊びに来たのに、インドの香りをほんの少し嗅いだだけ。なんだかガンジス川にわざわざ沐浴しに行ったのに、足首を少し浸しただけ、みたいな……そんなふうに思ったコミュ力を持て余し気味のあなたは、この店に行ってみてはいかがでしょうか。

西葛西駅北口を出て徒歩3分。人気の少ない一帯の、東横インの隣にあるビルの狭い階段を上り、店の入口を示す張り紙がわずかに貼られているだけの扉を開けると、日本語堪能なご主人のビネシュ・プラサードさんが陽気に出迎えてくれる。きっと足首どころか、頭の先までガンジス川にどっぷりと浸かった気分になれる、インド食材店「スワガット・インディアンバザール」※である。

※スワガット・インディアンバザール
【住所】東京都江戸川区西葛西5・11・11　司ビル2F
【営業日】無休
【営業時間】11時〜21時

ゆったりとした造りの店内。右の棚の中段に少量パックのスパイスがみえる。

●雑居ビルの中にあるインド

店を囲むように置かれた棚にはスパイスやお菓子、レトルトカレー、ピクルス、米、豆、調味料などが整然と並ぶ。スパイスの種類は格段多いわけではないが、※使いやすい少量パックが用意されており、おまけに安い。なにしろ少量パックなら150円程度で買えるのである。これなら、意気込んで買ったはいいが半分以上使い切れずにそのままキッチンの奥に……なんて心配する必要もない。

さて、あなたが品物をぶらぶら眺めていて、ふと手持ち無沙汰になったなら（そしてそのとき店が空いていたら）、おそらく傍らにビネシュさんがニコニコ笑顔で寄ってきて、こう声を掛けてくれるだろう。

「チャイ、ノミマスカ?」

そこからはめくるめくインド・ワールド。チャイを片手に、商品の説明からカレーの作り方まで、思う存分ビネシュさんとのフリートークを満喫できる。コミュニケーションに飢えたあなたもきっと満足できるに違いない。

※使いやすい少量パック
いずれも売り物になる前にビネシュさんが丁寧に余分なカスを取り除いてパック詰めしたものなので、品質も上々だ。

●サービス精神旺盛なビネシュさん

オーナーのビネシュさんはインドのガヤ出身[※]。学校を卒業後、デリーに拠点を移し、16年間、旅行代理店やインド料理店などで働いた。

日本に来たのは2007年。来る前は「西葛西にインド人が多いことすら知らなかった（笑）」。もともとは先に来日していた友達の誘いでこの店を手伝っていたが、一年ほどで辞め、埼玉のインドレストランへ転職。しばらくそこで働いていたが、友達がインドへ帰ることになり、店を買って自身がオーナーになった。

震災後、原発の影響などを恐れた西葛西周辺のインド人が続々と帰国した際は「誰も店に来なかった」が、ひとりで奮闘を続け、徐々に震災前の水準に戻ってきた。そうなるとさすがにひとりでは手が足りないので、デリーの銀行で働いていた甥っ子のアロクさんに協力を求め、2012年から二人体制に。今は午前はアロクさん、午後はビネシュさんという形で店をまわしている。店番のない午前中は、新木場

小分けにされたスパイスの数々。150円程度と納得のコストパフォーマンスだ。

※ガヤ
インド北東部の、ネパールと国境を接するビハール州の県。仏教の開祖、釈迦が悟りを開いたとされる聖地があるため、訪れる日本人観光客も多い。

オーナーのビネシュさん（左）と甥のアロクさん

から東陽町まで自転車（！）で食材を各家庭に忙しく配達して回る日々だ。

　目立つ看板も出していないし、入り口のドアにも店を示す張り紙がしてあるだけ。おまけにだいたいいつもドアは閉まっている。唯一の目印は、ビルの外からみえる窓にペイントされた店名だけだ。どう考えても一見客がふらりと立ち寄る造りではない。

　ビネシュさんも「初めての客はコワイみたいです」と苦笑するが、それでも客の1割は日本人だ。チャイのサービスはあるし、「食べないと味がわからない」から、※味が想像つかないお菓子は味見させてくれるし……という親切な接客が心を掴み、リピーターとして来る客も多い。インドレストランで働いていたということもあり、ビネシュさんにカレーのレシピを聞いていく人も結構いるらしい。

「まずは一度お店に遊びに来てみてください」とビネシュさん。自宅で料理することも多く、得意料理は豆カレーやチキンカレー、マトンカレー、それにチャパティだとか。仲良くなれば、得意料理のレシピを教えてくれる……なんてこともあるかもしれない。

※味が想像つかないお菓子
「スワガット・インディアンバザール」では、インドのお菓子も販売中。一番の人気は、サクサクとした食感と濃厚な甘さが楽しい「ソアン・パプディ」。砂糖やひよこ豆の粉、小麦粉、バターで作る、インドを代表するお菓子だ。

ソアン・パプディ

【オリジナルのガラムマサラが手に入る】
スパイス専門店「TMVSフーズ」

都営地下鉄東西線の西葛西駅北口を出て、北に向かって5分ほど歩いたところ、眼前に突如、巨大な住居ビルが現れる。

でっかいマンションだなあ……なんて口を開けて呆然としたまま、さらに奥まで歩いていくと、マンション1階の衣料品店などが並んでいる隅っこに、なにやら食材店のようなテナントがひっそりと開店しているのがみえる。

ん、どれどれ……と看板をみてみると、白地に真っ赤な文字で「インドの食材と雑貨」※の文字とトウガラシのイラスト。こんな目立たない場所にもインド食材店が！　さすがは日本のインド、西葛西である。

●マンション1階にあるインドスパイス専門店

興味を惹かれて入ってみると、目に入るのは壁一面にズラリと並ぶ、スパイス、お菓子、米、調味料の数々。店内は七、八人も入れば一杯になる規模で決して大きくはないが、そこにあまり馴染みのない、カラフルなパッケージの商品が並ぶ姿は壮観だ。店中には食欲をそそるスパ

※インドの食材と雑貨・TMVSフーズ
【住所】東京都江戸川区西葛西5・8・5・108　小島二丁目団地5号棟1階
【営業日】無休
【営業時間】10〜21時

カラフルな文字とポップなイラストが目を引く「TMVS フーズ」。店内にはスパイスがぎっしり。

イスの香りが充満し、気分は一足飛びにインドである。

お店の名前は「ＴＭＶＳフーズ」。オーナーは南インド出身のピーライさんで、２０１２年の２月にこの店をオープンした。

ピーライさんが来日したのは２００５年。本業はスパイスのサプライヤー※だ。インドでも家族経営でスパイスなどを販売していて、「日本でも同じ商売ができないか」と日本に来たという。

西葛西を選んだのは？　と尋ねると、「インド人がたくさん住んでいるから」。まあ、そうですよね。

とはいえ今では西葛西に留まらず、北海道や広島など、日本中のインド料理店に自らブレンドしたスパイスなどを供給している。つまりこのお店はアンテナショップのような位置づけなわけだ。

●オリジナルブレンドのガラムマサラ

ピーライさんの強みは、自らスパイスのブレンドができること。カレー作りには欠かせないスパイスのガラムマサ※

※サプライヤー
輸入事業者のこと。

オーナーのピーライさん。スパイスのことなら何でもお任せ。

ラなどを、自分でブレンドして商品化しているのだ。

2カ月に1回と頻繁に輸入しているスパイスは「新鮮で香りがいい」のが自慢。店が繁華街からやや離れた場所にある関係で、客はほとんどがリピーターだ。

訪れる客は平日は圧倒的にインド人が多いが、土日は「半分以上が日本人」。聞けば、みな自宅で本格的なインドカレーを作るために買っていくのだとか。つくづく凝り性ですねえ、みなさん。中にはやはり、ピーライさんにレシピを聞いていくこだわり者もいるそうな。

今は、新しい商品を輸入する計画に没頭中。考えているのはインドのお菓子だ。日本人が好きなバナナチップや、辛くないお菓子を輸入したいとのことで、今後はより幅広いラインアップが期待できそうである。

お店ではメインのスパイスのほかにインドビールやインド産ワインなども扱っているので、休日はおウチで自家製カレーにインドビール……なんてインドな夜を楽しんでみてはいかがでしょうか。

※ガラムマサラ
各種スパイスをミックスしたもので、カレーを作る最後の工程などで味を調える際などに使われる。カレー粉に似ているが厳密には異なる。

【駅徒歩3分のヒンドゥー教寺院でするお祈り体験】
インド寺院「イスコン・ニューガヤ・ジャパン」

インド料理屋でスパイスの効いたカレーを食べ、食材店を周ってフレッシュなクミンやガラムマサラなどを買ったけど、まだ何か物足りない。もっと〝東京のインド〟を満喫したい、ディープなインドにどっぷり浸かりたい……なんて人は、こちらを訪れてみてはいかがでしょうか。西葛西駅前からバスで約10分。都営新宿線の船堀駅前から徒歩3分のところに位置するインド寺院「イスコン・ニューガヤ・ジャパン」※である。

イスコンとは「INTERNATIONAL SOCIETY FOR KRISHNA CONSCIOUSNESS」の略。ヒンドゥー教の神様、ヴィシュヌ神※の化身であるとされるクリシュナの教えを現代に普及させるべく活動している団体だ。近隣のインド人がお祈りを捧げられる場所として、特に週末は絶えず訪れる来訪者で賑わっている。

クリシュナの教えを説いてはいるが、別にヒンドゥー教を信仰していなくても参加はオーケー。午後の休憩時間を除けば、朝5時半から夜9時に寺院が閉まるまでいつでも見学可能なのだ。

※イスコン・ニューガヤ・ジャパン
【住所】東京都江戸川区船堀2-23-4
【営業時間】毎週日曜日10時半~13時半（サンデーバジャン）
【URL】http://iskcontokyo.blogspot.jp/

※ヴィシュヌ神
ヒンドゥー教の3最高神のひとり。世界を維持する役目があるとされる。ヴィシュヌは10の姿に化身するとい

●寺院内に響き渡るマントラの合唱

さて、それではいったいどのような体験ができるのだろうか。実際に参加してみてみよう。

船堀駅から、ほど近い場所に位置するイスコン・ニューガヤ・ジャパン。一見、白い住居のような建物だが、中はどっぷりインド。

日曜日の昼、12時をやや過ぎたころ、入り口の木製のドアを開けて寺院に足を踏み入れると、突然、太鼓やシンバル、オルガンが奏でるスローな音楽と、「ハレークリシュナ」とマントラを唱える声が耳に飛び込んでくる。

室内には10人ぐらいのインド人と、数人の日本人やロシア人。みな太鼓のリズムに合わせて、気持ちよさそうにマントラを唱えている。この時間は正面に祀られたクリシュナの像にギー※やお香、浄めの水などを供える時間でもあり、随所でそれらの供物が参加者にも振る舞われるので、そうした様子をじっくり観察してみるのもなかなか面白い。

20分ほどの音楽の時間が終わると、次は指導者による説法タイムだ。クリシュナの話や普及の意義などをわかりやすく解説してくれる。参加者と

われており、クリシュナはその8番目の化身した姿。通常、青黒い肌の男性として描かれる。

※ギー
インドのバターオイル。独特の香ばしい風味があり、料理やお菓子などによく使われる。

クリシュナの像にお香を供えるところ

の質疑応答の時間も設けられているので、なにか知りたいことがあればこの機会に思いきって質問してみるのもいいかも。

最後にココナッツ※ミルクベースの甘い飲み物が振る舞われ、一旦休憩。ダラダラしたり、ご飯を食べたりしながら、みな思い思いにくつろいで過ごしている。お腹が減ったら、同じくイスコンが運営する、ベジタリアン向けの野菜カレーを提供するインド料理店「ゴ※ヴィンダス」が併設されているので、ここでお昼を食べるのもよし。

もっと詳しいスケジュールが知りたい人は、公式サイト（http://iskcontokyo.blogspot.jp/）で公表しているのでそちらを覗いてから出かけるといいだろう。

●インド寺院の意外な遍歴

この日は、あらかた撮影を終えたあと、運営スタッフの方々に招かれて手作りの昼食をご馳走していただいた。ベジタリアン用の美味しい野菜カレーをいただきながら伺ったお話によると、１９６５年にニューヨークで発足したイスコンが日本に来たのは１９７１年。一時下火と

※ココナッツミルクベースの甘い飲み物
上品な優しい甘さで美味しい。

いただいた甘い飲み物

※ゴヴィンダス
北インド料理に加えて、日本では珍しい南インド料理も味わえるレストラン。土日祝日はビュッフェスタイルで営業している。
【住所】東京都江戸川区船堀2-23-4
【営業時間】11時～15時／17時～21時（月～金）、10時半

なったが、80年代にヒッピーなどの支持を受け活動が再燃。徐々に信仰者を増やし、渋谷に専用の寺院を設立した。以降、高尾や目白、三鷹、東中野などを転々とし、2011年にインド人が多く住んでいる船堀に寺院を移転。

もともとは同年の3月15日に開設する予定だったが、震災により7月に延期となった。

活動内容は多岐に渡るが、20年前からの運営スタッフである村田さんによれば、「『ハレークリシュナ』を唱えることがもっとも重要なエッセンス」だという。ヒンドゥー教、クリシュナの教え、なんて聞くと、なんだか難しそうで思わず身構えてしまうけど、うーん、これならなんとか自分にもできるかも？

イスコンでは、こうした日々の活動に加え、ホームレスを対象にした炊き出しや、寺院や都内各所でのイベントなども開催している。

ヨガや菜食などを取り入れたソフトな切り口のイベントなので、興味はあるけれどインド人だらけの中にいきなり初心者（？）の自分が入っていくのは勇気が……という人は、まずはこうした会から覗いてみるのがいいだろう。

インド人以外では日本人や欧米の参加者もちらほら。子連れの参加者も多い。

～14時半／17時半～21時（土日祝日）
【URL】http://www.govindas-tokyo.com/

ゴヴィンダス

【西葛西を知るインタビュー】

いい街に育った西葛西

ジャパンビジネスサービス有限会社　代表取締役
江戸川インド人会　会長

ジャグモハン・S・チャンドラニさん

●**西葛西にはなにもなかった**

出身はインドのカルカッタ。来日したのは１９７８年の４月です。もともと家族で貿易商をやっていて、アンプ関係の部品や真空管を日本からインドに輸入し、映画館に供給していました。その仕事の一環で来日したんです。で、１年後に「もうちょっと何かできないか」と考えて、「インドにモノを売るだけではなく、インドからモノを持ってくることもできるんじゃないか」と思ったんです。では何を輸入するか。いろいろ考えて、安定して供給できるインド産の紅茶に決めました。

輸入を始めた当時は、外国人個人と取引する人はあまりいなかったので、本当に大変でした。企業を相手にした商売が難しければ、百貨店の催事などのイベントに参加するしかない。場所を確保して、即売会に入れていただくわけです。そういう経緯を経て、そのうち百貨店で店を構えてもいいということになりました。

それで、初めて倉庫を借りたのがここ、西葛西です。なぜ西葛西に借りたかというと、倉庫がどこも一杯で、新しく借りるのは難しかったから。当時、このあたりは東京の物流拠点になる、と言われ始めていました。それを聞きつけて見に来たら、倉庫ができたばかりで、空きがあった。それで家ごと西葛西に移ってきたんです。

移ってきた当時は本当に驚きました。その当時の西葛西といえば、まず駅がない、建物もない（笑）。西葛西駅ができたのは１９７９年の後半なんです。隣の南砂町にも駅がなく、最寄り駅は葛西駅でした。

今は駅の周りにビルがいっぱい建っていますが、当時は全部原っぱです。もちろん住んでいるインド人なんて誰もいません。日本人すらいなかったんですから（笑）。

【ジャグモハン・S・チャンドラニさん】インドのカルカッタ出身。1978年に来日し、翌年、西葛西に転居した。紅茶の輸入業のほか、インドレストラン「スパイスマジック カルカッタ」を経営する傍ら、江戸川インド人会の代表を務め、西葛西のインド人のサポートを行っている。

●2000年問題が「インド人街」のきっかけに

インド人が増えたきっかけとしては、2000年問題が大きかったですね。日本に滞在するためにはビザが必要ですが、外国人にはビザがあまり発給されなかった。そこで2000年問題が起こりました。先にこの問題に対処すべく動いていたアメリカは、エンジニアなどの問題をインドに頼っていました。それで日本も、じゃあそうするしかない、と考え、当時の森首相がインドと「グローバルパートナーシップアグリメント」という合意を交わしたんです。これは簡単にいうと、インドのエンジニアにすぐにビザを発給し、日本に来られるようにしようという合意。その結果、インド人エンジニアが来日する流れができて、今に至っているわけです。

そのとき来日したインド人たちの多くはホテルに泊まっていましたが、問題は食べ物です。インドは人口の半分がベジタリアン。肉も魚も卵も食べません。日本に来ても外食できないわけです。じゃあ何を食べればいいのか。自分で材料を買ってきて作ろうにも、ホテルの部屋にはコンロもない。となるとアパートを借りるしかありません。

それで、住居を探して西葛西にインド人が来るようになりました。東西線沿線はインド人が多く働いていた金融機関の拠点になっているので、住まい探しをするとなると、中野方面に出るか、西葛西に来るしかなかったんです。茅場町までは住まいがないし、木場は作業場。南砂町と東陽町も作業場です。それで西葛西に住居を探しにくるようになった。でも、大家さんに部屋を貸してもらえないんですね。コミュニケーションの問題などがありますから。

そのころ、既にここに住んでいた私たちが外を歩いていると、突然インド人によく会うようになった。当時、西葛西にはインド人は4家族しか住んでいなかったはずなのに、「あれ？　またインド人？」と（笑）。それで、お互い話をするようになるんですね。で、立ち話してみると、こういう事情なんだ、と聞かされる。じゃあ、みんなで会って話してみましょうかと、１９９９年の8月の日曜日に、話をした何人かと近くの公民館で会うことになりました。そのときは「まあ、六人ぐらいは来るだろう」と思っていたら、30人以上が集まった（笑）。びっくりしました。話をしてみると、食事に困っている、住む家に困っている、どうにもならない、という。じゃあなんとかしよう、と設立した会が「江戸川インド人会」なんです。

●はじまりはインド人のための食堂

この会の活動内容は、インドの人が必要としていることはすべてやろう、というもの。ボランティアの団体です。食堂を作ったりシェアハウスを作ったり、学校を作ったり、食材店を作ったり、寺院を作ったり、祭りをやったり……生活に必要なことはいろいろやりました。「ディワリフェスタ西葛西」もインド人会が発祥です。

自分はここに長く住んでいたので、知り合いの不動産屋に頼んでみました。みんな給料もちゃんと貰っているし、英語も話せるし、問題ありませんから、とね。「いざとなったら私に連絡してくれればこちらでなんとかします」と。そうしたら不動産屋が話をつけてくれて、何人かは住む家が確保できたんです。それで仕方がないので私が保証人になって（笑）。ありがたいことに、みなさんキチンとしてくれたので、問題は一切起こりませんでした。

そうして部屋探しはなんとかなりましたが、根本の食事の問題が残ったままです。仕事から帰ってきて、それから自分でベジタリアン用の食事を作っていると、夜中になってしまう。それは辛いので、どこかに食堂はないか、とい

ディワリフェスタ西葛西でのチャンドラニさん。西葛西のインド人にとって頼れる存在だ。

う話が出ました。「それじゃ、夜だけの食堂を作ろう」と、ここ（「スパイスマジック カルカッタ本店」）を食堂にしたんです。簡単なテーブルと椅子を買ってきて、賄いのようなご飯を出していました。メニューはありません。出てきたモノを食べなさい、と（笑）。料理人には、当時来ていた人たちの中から料理ができる人を二人呼び寄せました。だから開いているのは夜だけ。店をやるつもりはなく、困っている人のための食堂のつもりでしたから。なにしろウチは紅茶屋ですからね（笑）。なんでレストラン経営に手を染めないといけないんだ、と。

でもそれから、食べに来る人がだんだん増えて、数人から数十人になった。大家は部屋を貸してくれるし、食堂もあるしで、西葛西にどんどんインド人が増えてきたんです。そのうち近隣の日本人も「食べさせてくれ」と言ってきた。夜はインド人相手の食堂で手一杯だったので、昼間だけカレーやナンのセットメニューを出すようになりました。で、1年間ほどそういう状態が続き、昼も夜もオープンしている、という状態になってしまったので、保健所の許可をもらうために正式なレストランにしたんです。

もともとインドの人のためにはじめた食堂なので、味はインドの家庭の味です。英語で言うと「ホームミールズ・リプレースメント（home-meals replacement）」。家庭の味を代わりに提供するようなものを目指しました。今でもそれは変わりありません。出しているのは、現地の味です。

●「いい街」に育った西葛西

昔と今ではインド人の滞在期間は違いますねえ。前は3年ぐらいはいましたが、今は数ヶ月から1年という感じ。日本の経済状況も影響しているし、仕事の発注の仕方も変わってきましたから。

震災後は、この辺りのインド人の数はぐっと減りました。放射能の問題です。みんな英語で情報を取っていましたから、日本のメディアは言わなかったですが、メルトダウンのこともインド人たちはすぐにわかっていました。それで、インド政府がインド人を帰国させるために、毎日2便、飛行機を出していたんです。今はだいぶ人も戻ってきていますが、子どもたちは少なくなりましたね。私も木場の方の研究所から専門家を呼んで、ガイガーカウンターを持って全部チェックしてもらいました。それでレポートを作ってみんなに流して、一応落ち着いた、という感じでしたね。

リーマン・ショックと震災で、本来ならもっと増えていてもよかったインド人の数は2000人前後で推移しています。本当は、いまごろ5000人ぐらいはいてもおかしくないはずだったんですが……。だから、西葛西も新大久保や池袋のようにはまだまだなっていませんね。でも、街を構築するためにやれることはまだまだたくさんあります。自分の世代でどこまでできるかわかりませんが、次の世代がどういうふうにしてくれるか。

西葛西は「いい街に育ったなあ」と思います。

何もないころからこの街を見てきましたが、子どもは多いし、インド人も日本人も他の国の人もいて、そのミックス具合がいい。

英語で言うと「アーバンミックス（urban-mix）」。都会的な人の交わりがあるんですね。ガツガツしたところもありませんし。整備されていて公園が多く、スーパーも多い。アクセスもいいですし、荒川もあります。ガンジス川に似ている荒川がそばにあることは大きい。ここはいい街だな、そういう気持ちにさせてくれる何かが川にはあるんです。今後も日本に根を張って住み続けます。インドとは仕入れの関係で、これからも行ったり来たり、ですね（笑）。

【第五章】

ブームに沸いた韓流の街はいま～新大久保

新大久保コリアンタウン 地図

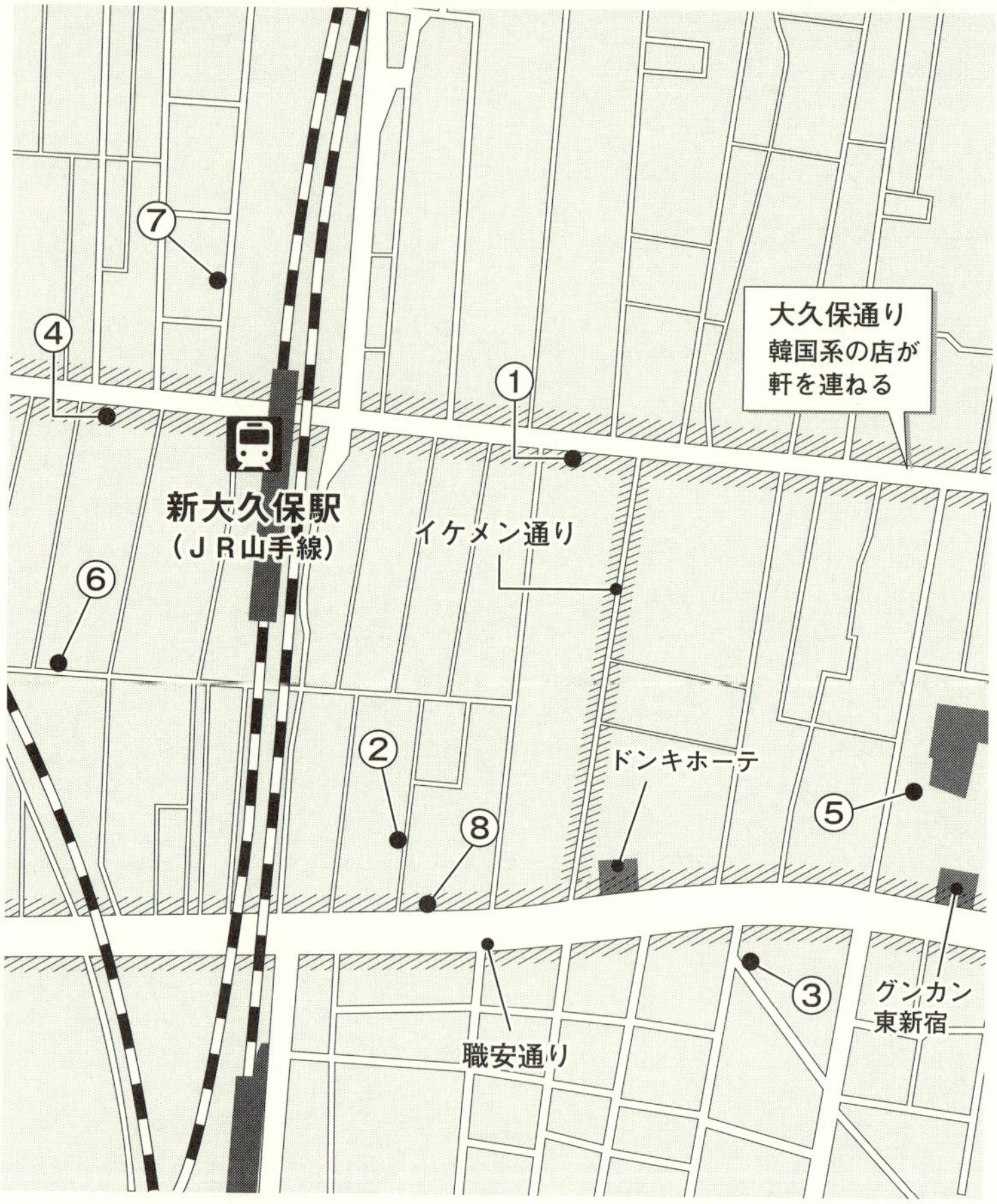

①カジュアルな雰囲気の韓国バー「トンマッコルバー」（→ 146 ページ）
②マッコリカクテルが飲めるマッコリ専門店「MACCOLI BAR」（→ 148 ページ）
③おしゃれなワインバー「ブションコルク」（→ 151 ページ）
④フレンドリーなガールズバー「シークレット・バー」（→ 153 ページ）
⑤カムジャタンの伝承者「松屋」（→ 156 ページ）
⑥サービス満点の韓国居酒屋「ふる里」（→ 159 ページ）
⑦国際色満点の美容院「ワールド美容室」（→ 162 ページ）
⑧韓国のものなら何でも揃う「南大門市場」（→ 165 ページ）

山手線で新宿から3分。歌舞伎町と職安通りを挟んで隣接する、都内最大のコリアンタウン、新大久保。街には韓国料理屋がそこかしこに溢れ、ハングル文字の看板を出す食材スーパー、マッサージ店、カラオケ、美容室、コスメショップ、アイドルショップ、ライブハウスなどさまざまな業態の店が林立し……横浜中華街を除けば、おそらく東京の、いや日本の中で、もっとも名前の知られた外国人街だろう。

JR 新大久保駅。関東屈指のコリアンタウンの玄関口だ。

新大久保は、駅前を東西に走る大久保通りと、並行して走る南の職安通り、そしてそれらをつなぐ通称〝イケメン通り〟などが観光のメインストリートだ。

実際に街を歩いてみると、まず南の「職安通り」は、大通りに面した歌舞伎町のハローワーク前から第3スカイビル※——通称「軍艦マンション」あたりまでが韓国系の店が連なるコアなエリア。トッポキやホットクの屋台が多いのもこのエリアだ。

途中にある「ドン・キホーテ新宿店」の脇の道に入ると、そこはコスメショップや韓国料理店、韓国式カフェなどが密集し、週末は多くの観光客で賑わう「イケメン通り」。狭い路地に溢れるハングル文字

※第3スカイビル
陸軍出身の異端の建築家、渡邊洋治が設計した地下1階、地上14階建てのビル。船首をイメージさせる特徴的な給水塔、装甲を思わせる塗装などから「軍艦マンション」の名で親しまれた。2011年にリノベーションされ、「GUNKAN東新宿」に名称が変更。SOHOやシェアハウスなどが入る賃貸ビルとして利用されている。

とポップな看板、呼び込みをする若い韓国人の店員、そして老いも若きもごっちゃになった、笑顔で歩く日本人女性の集団。ネーミングのセンスはともかく、韓流ブームの象徴的な通りであることは間違いない。

そしてそんな混雑するイケメン通りを抜けると、出た先は「大久保通り」。こちらも職安通りと同様、韓国系のショップがずらりひしめく。そして本稿の趣旨とはややずれるが、新大久保駅前から北には、ネパール系の食堂やスパイスなどを売る食材店が密集している通称「イスラム横丁」もある。店先でケバブを焼く姿なんかも見られたりして、韓国系の店だらけの新大久保にあってこのあたりは独特の一帯だ。

ところで、新大久保一帯にはどれくらいの韓国人が住んでいるのだろうか。新宿区のデータによると、新宿区の２０１２年の外国人登録者数は、１位が韓国・朝鮮人で１万２５６７人、２位が中国人で１万２４７３人。以下はガクッと落ちてミャンマー人の１１５３人、ネパール人の１０２２人と続く。つまり新宿区に住む外国人のほとんどが韓国人か中国人なのだ。この傾向は数値こそ若干落ちるものの、10年前までさかのぼっても変わっていない。※

「新大久保語学院」を経営する李承珉《イスンミン》氏（１６８ページ参照）によると、新大久保の「コリアンタウン化」の契機となった第一段階は、２００２年の日韓ワールドカップ。そして第二段階が２００３年以降の韓流ブームだった。

それ以降、新大久保は着実に客足を伸ばし続け、２０１０年にピークを迎えるころは、５００店以上にまで韓国人店舗が拡大。観光バスが停まり、路地は観光客で溢れロクに歩けな

※新宿区の町丁目別外国人住民数

２０１２年の新宿区における外国人の町丁目別のデータをみると、大久保２丁目がダントツに多く２７４５人。以下、大久保１丁目の１９００人、百人町２丁目の１７４０人、北新宿３丁目の１６３２人、百人町１丁目の１５０５人となっている。４桁台を数えるのはこのあたりで、あとは軒並み３桁台。韓国・中国人をはじめとする外国人が新大久保駅、大久保駅周辺にいかに集まっているかがわかる。「コリアンタウン」と呼ばれるのもうなずける。

大久保通り沿いは韓国料理店や雑貨店がひしめく激戦区（左）。裏通りも個性的な韓国料理店が両脇に並んでいる（右）。

いほど混雑し、人気の韓国料理店にはサムギョプサルを食べるために1時間待ちの行列ができ……つまり、新大久保はディズニーランドやスカイツリーなどと変わらない、東京の一大観光地と化していたのだ。15年ほど前までは治安が悪く、特に女性は夜歩くこともためらわれるような場所だったはずだが、もはやそんな雰囲気は微塵も感じられないほどの変貌ぶりである。

ところで、「化していた」とあえて過去形を使ったのは、最新の新大久保事情に関係がある。新大久保が今でも「コリアンタウン」であり、「韓国文化の聖地」であることには変わりないが、街を歩いていると「※ピークの頃と比べると売り上げは著しく減少した」という声をあちこちで聞いた。確かに週末は賑やかではあり、メディアにたびたび登場した有名店には今でも行列はできているものの、「人が多すぎて歩けない」というほどの混雑ではない。つまり、ある韓国料理店のオーナーの言葉を借りれば、「ブームは終焉した」のである。

要因は複数あるが、ひとつにはメディアの露出が著しく

※ピークの頃と比べると売上は著しく減少
ブームが過熱するとともに、新大久保のテナント料も高騰。高すぎる家賃が利益を圧迫し閉店した店も少なからずある。

減ったことが挙げられる。

　ブームの頃は、韓国や韓流に特別興味がない人でも観光地にいくノリで多数訪れていたが、そうした「一見さん」がメディアの露出減とともに新大久保という舞台から退場したわけだ。ある店主は「新大久保界隈の店全体の責任。みんな自分の店ばかりで、街全体で盛り上げよう、という連帯感が希薄だった」と指摘する。表現は悪いが、「放っといても客が来る」状態にあぐらをかいて、いずれ来るブームの終焉から目を逸らせていた、ということなのかもしれない。

　また、近年は竹島問題に端を発する日韓関係の悪化により、デモ※がたびたび行われていた影響も無視できない。新大久保を「怖い場所」と思う人が出てきたことや、なんとなく「韓流好き」を口にしづらいという社会的な雰囲気により、客足が衰えた、という構図である。ブームの頃は放っておいても客がきて、売り上げは右肩上がり、新規店も続々と開店ラッシュ、だったのが、あるときを境に急激に下降して……それは、かつてのバブルのような、膨らむだけ膨らんで弾けたひとときの夢だったようにもみえる。

　ただ、そうは言っても、依然新大久保が「韓国文化の聖地」として魅力的な街であることに変わりはない。ブームを作り上げたパワーは今なお健在で、新たな流行が生まれていることもまた確かなのだ。

「ピーク以前」に戻り、通りも歩きやすくなった新大久保。新たな発見を探しに今こそ街を探索してみよう。メジャーからマイナーまで、大型店から小規模店まで、若者向けから大人の店まで。きっとさまざまな韓国がみつかるはずだ。

※デモ
日韓関係が悪化するにともない、新大久保では毎月のように「ヘイトスピーチ」が行われ、社会問題になった。

【東京のソウル・新大久保の新たな流行】

新大久保「韓国バー」巡り

新たな業態が現れては廃れ、新店は数ヵ月後にはまた別の新店に変貌しており……と、ゆく川の流れのように変化を続ける新大久保。諸行無常というか栄枯盛衰というか、その急激な変貌ぶりを見ていると、あまりのスピード感に鴨長明ならずとも思わず嘆息してしまいそうになるが、まあ、そのバイタリティーこそが韓流ブームを醸成した源泉なのかもしれない。

日も落ちて、あたりがすっかり暗くなった夜7時。大久保通りの観光客も徐々に減り始めたころ、新大久保の「夜の顔」が出始める。昼間は目立たないけれど、夜に街を歩くとちらほらみえるバーの看板。もちろん、ここは新大久保。当然どこもかしこも「韓国バー」だ。

数年前はわずか3軒ほどだった「韓国バー」だが、今や一説には20数軒とも言われている。2013年ごろからの流行のようで、古くから店を構える現役の韓国バーの店長によると「もっとも多いのはガールズバー」だそうな。女性客向けの「ボーイズバー」も一時はニョキニョキと出現したようだが、こちらはなぜか受け入れられず廃れていき、今ではわずかに1店あるのみだという。イケメン店員の接客と聞けば、さぞ流行するのではと思ってしまうが、そうした日本人女性向けの「イケメン枠」は、一世を風靡した「コーヒープリンス」※などがすで

※コーヒープリンス
韓流ドラマ『コーヒープリンス1号店』をモチーフにした、大久保通り沿いにある韓流カフェ。スタッフはみなイケメンで、全盛期は新大久保に観光で来る女性のひとつのメッカのような存在だった。

「トンマッコルバー」の店内。木を効果的に使った内装がオシャレ。

に先行していたため、そこまでの需要は生まれなかったということだろうか。ともあれ、ガールズバーが隆盛し、多彩なカクテルをそろえ安定した需要に応える一般的な韓国バーが脇を固める、というのが現在の新大久保の「夜の流行」のひとつといえる。

●韓国バー巡り①、「トンマッコルバー」

というわけで、「夜の新大久保」を覗いてみるべく「韓国バー巡り」をスタート。一軒目は、このエリアでもっとも長い営業歴をもつ店のひとつである「トンマッコルバー」※。大久保駅を出てから大久保通りを道沿いに右方向に進み、ソウル市場の店先を通り過ぎて少ししたところにある店だ。

店内はやや薄暗く、バーらしいシックな雰囲気だが、木を多用した内装やカウンター内に整然と並べられたカラフルな数々の洋酒、ダンボールを上手くリユースしたポップなメニューなどが落ち着いた空間を演出しており、ひとりでもふらっと入れるようなカジュアルな造りだ。

カウンターの端に落ち着き、とりあえずビール……ではなく、せっかくなので「ドンドン酒」※

※トンマッコルバー
【住所】東京都新宿区大久保1-15-17 2F
【営業日】無休
【営業時間】19時～翌3時（平日）、19時～翌5時（土日）

バーにつながる階段

※ドンドン酒
「ドンドンジュ」と発音。マッコリとの違いについては韓国でも諸説あるらしく、原料の米の配合が多いものを呼ぶとの説も。飲み口はマッ

ダンボールを再利用したメニュー

を注文。「ドンドン酒」は製法はマッコリとほぼ同じだそうで、ネットで調べてみると「濾過、火入れをしていないもの」とある。もっとも、試しにマッコリと飲み比べてみたがイマイチ違いはわからなかったので、あまり気にする必要はないのかもしれないけれど。

マッコリを飲んで一息ついたら、カウンター越しに店員さんと会話してみよう。この「トンマッコルバー」、一人客が多く大半が常連というだけあって、店員と客の距離が近く「一緒に飲みに行ったりクラブに行ったり」することもよくあるという。

店長のアルムさんにお話を伺うと、「トンマッコルバー」のオープン※は2008年4月。客層は日本人の30代の男性が多いという。もっとも、以前に比べると最近は韓国人客の割合も増えているようだ。

アルムさんはソウル出身。2004年に留学生として日本に来た。そのうち「大学の勉強が合わなくて」辞め、働き口を探すうちに外国人でも働きやすい新大久保に辿り着いた。「トンマッコルバー」ではオープン間もないころから働いているベテランである。

コリよりもさっぱりしているともいわれている。

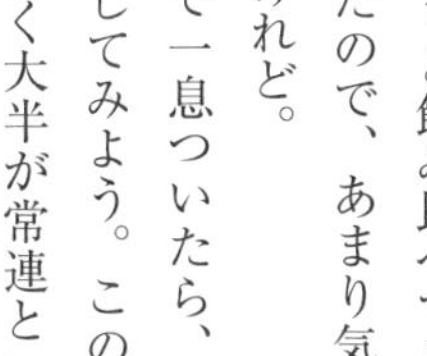
ドンドン酒

※オープンは2008年4月

もともとは隣の韓国居酒屋「トンマッコル」と同じオーナーが経営していたが、そのオーナーが帰国した後、それぞれ違う経営者に。現在、両店に資本関係はないが、創業以来の伝統（？）で、今も隣から料理を運んだり、協力関係は維持されたまま。お店では「サムギョプサル以外はなんでも（笑）」食べられるそうな。まあ、確かにバーでジュージュー焼くサムギョプサルは無理ですもんね。

「MACCOLI BAR」外観。ガラス張りで中が見えるので入りやすい。

「今は3年前のころの売り上げ」と語るアルムさん。1年ほど前から徐々に売り上げが落ち始め、現在は「ピークの前の状態」に戻った。男性スタッフも「昔は平日でも満席でパーティーのようだった」と当時を懐かしむが、いまでも週末は満席状態で「エレクトロニカなどダンス系の曲を流して盛り上がる」んだとか。店を訪れる人は「お客さんというより友達みたいな感じ」という「トンマッコルバー」で、週末は一緒に踊っちゃったりして日韓交流を深めてみるのも楽しいかも?

●韓国バー巡り②「MACCOLI BAR」

韓国のお酒といえばマッコリ※、というのがおそらく、日本人がもつ一般的なイメージだろうが、意外にも本場韓国では、マッコリはあまり飲まれないという。マッコリには古臭い安酒のイメージがあるらしく、若者は焼酎《チャミスル》をメインに飲むらしい。昔からある「雨の日にはマッコリとチヂミ」※という文句も、最近では「ビールとチキン」や「チャミスルとサムギョプサル」※に替わっているそうな。

※マッコリ
米と麦麹を発酵させてつくる醸造酒の一種。生マッコリは微かにシュワシュワと発泡して旨い。

※雨の日にはマッコリとチヂミ
一説には、チヂミをジリジリ焼く音が雨の音と似ているからだとか。

※チャミスルとサムギョプサル
手っ取り早く酔っぱらうためにビールとチャミスルをチャンポンすることもあるらしい。

古臭くて、安っぽい……しかし、新大久保にはそんなマッコリのイメージを変える店がある。イケメン通りと平行に走る、大久保通りと職安通りを結ぶ細い路地を歩いていくと、閑静な住居の並びの奥にぼんやりと光るネオンが見えてくる。人通りの少ない暗い道に突如現れる、ガラス張りの小洒落た雰囲気の小さなバー。このバーこそが、このエリア一帯に「マッコリカクテル」を流行らせた発祥の店。２００７年からさまざまな味のマッコリを出し続けている、おそらく日本初のマッコリ専門バー、※「MACCOLI BAR」だ。

「MACCOLI BAR」の店内。薄暗い店内にカラフルな照明が映える。

作り出す※マッコリカクテルは約40種類（！）。ライチやカシス、ザクロ、ココナッツなどのスタンダードなカクテルにはじまり、ビールやサイダー、コーラ、カルピス、紅茶、緑茶、果てはブルーハワイ（！）まで。変わり種として、コラーゲンやヒアルロン酸が入ったバージョンまである。大ぶりの容器で出てくるスムージー系も人気メニューだ。

６年前から「MACCOLI BAR」で店長を務める橋高さんによれば、このマッコリカクテルを考えたのは、同店をはじめ新大久保で数店の韓国料理屋やバー

※MACCOLI BAR
【住所】東京都新宿区百人町1-5-24
【営業日】無休
【営業時間】18時〜翌4時

※マッコリカクテル
まろやかなマッコリは他の味にも合わせやすいようで、ビールマッコリ（新大久保では、なぜか「もっこり」の愛称で呼ばれる）などは苦味が中和されて、ビール単体よりも飲みやすい。キンキンに冷えたスムージーもほどよく甘く、アルコールの存在を忘れるほどすっきりしているので、お酒の弱い人でも安心して飲めるはず。

大きめの器で提供されるスムージーはひんやり、さっぱりして爽快感抜群！

を経営する女社長の金さんだという。もともとは系列の韓国料理屋で出していたもので、人気があったのでいっそ専門のバーを、と開店。以降、橘高さんがコラーゲン入りなど独自のアイデアを具現化していき、現在のような豊富なラインアップになったらしい。

新大久保では2010年からマッコリカクテルブームが起きたが、その頃はしばしば同業者が味を盗みに訪れることも多かったという。「中にはメニューを盗んでいく人もいましたねえ（笑）」と橘高さんは当時を振り返る。そうはいってもリキュール類をマッコリで適当に割ってできあがり、という単純なものではないらしく、「分量やベースになるマッコリの種類の選び方にコツがある」とか※。

日本人店長の橘高さんは、IT業界から転身したという変わり種だ。以前韓国に留学していた経歴があり、「MACCOLI BAR」には友人の紹介で入った。韓流ブームに湧く2年前の状況について尋ねると「早い時間から満席で、席を待つ人で溢れてましたねえ。他所から椅子を借りてきたり（笑）」とのこと。お酒を作るのが精一杯でお客さんと会話を楽しむ余裕もなかったそうだ。

※マッコリカクテルの秘訣
マッコリカクテルは奥が深く、たとえばスムージーにはマッコリとフルーツ以外にもいろいろな原材料が入っているとのこと。詳細は企業秘密だが、そのあたりでいかにオリジナリティを出すかが腕の見せどころのようだ。

「今の新大久保は活気がなくなって、（韓流が）好きな人しか残っていない。ブームの前に戻った感じです」。売り上げもピーク時の半分ほどに落ちた。とはいえ週末は常に満席で、足繁く通う常連も多い。橘高さんの言うように本来の姿に戻っただけ、ということなのだろうか。「これからも美味しいマッコリを開発していくので、もっといろんな人に来てもらいたいですね」と橘高さん。もしかしたら、一杯のマッコリから、新大久保に新たな潮流が生まれるかもしれない。

「ブションコルク」店内。カウンターは広々として落ち着いた雰囲気だ。

●韓国バー巡り③、ワインバー「ブションコルク」

韓国バーは大久保通り沿いに多く存在しているが、実は職安通り沿いもバラエティ豊かな店が並ぶ「韓国バー・スポット」だ。

職安通りを歌舞伎町方面に渡り、通り沿いを左手に進んだところにあるのが「ブションコルク」※。元は「MACCOLI BAR」の2号店だったが、現在はワインバーとしてリニューアル※。ワンコインで飲めるグラスワインが充実している、コスパ抜群の韓国ワインバーである。

※ブションコルク
【住所】東京都新宿区歌舞伎町2・19・7 新田中ビル3F
【営業日】日曜・祝日定休
【営業時間】18時～翌6時

※現在はワインバーとしてリニューアル
古株のバースタッフによると、「韓流ブームが陰り始めてマッコリを飲む人が少なくなってきた」のでワイン中心の形態に刷新。「マッコリバーだった頃もなぜかワインやシャンパンが人気だった」ので、ワインバーへ看板を変えるのは特に抵抗なかったという。

リニューアルしたのは2013年の11月と、まだ比較的新しい店内は黒を基調とした落ち着いた空間。500円のグラスワインをはじめ、料理も1000円以内とリーズナブルなものが多く、一般的なワインバーに比べ気軽に楽しめる。

店で出しているワイン※は40種類以上。気軽に楽しめるグラスワインは赤白10ずつを用意しており、最近はチリワインが人気だとか。店内のボードで紹介する「オススメワイン」は月ごとに変えているという。

料理は「きのこのバター焼き」や「チーズ盛り合わせ」など一般的なメニューのほか、やはり韓国バーらしく「チョル麺」や「KOREAとんかつ」「キムチチャーハン」などもラインアップ。キムチチャーハンとワインというのもあまり経験したことのない組み合わせだが、小腹が空いたときなどにはちょうどいいかも。話好きなスタッフは日本語がペラペラで、落ち着いてワインと会話を楽しみたい人には「もってこい」の環境だ。

店に来るお客さんは常連がほとんどで、日本人客が中心だが、韓国人客も3割程度訪れる。地理的には歌舞伎町の外れに位置しているが、やはり韓国バーという形態上、新大久保から流れてくるお客さんがメインだという。

店は韓国料理店やスナックなどが密集する地帯のビルの3階にあるため、一見客にはアクセスがややわかりづらく、いかにも「ザ・隠れ家」という風情。一見、敷居が高そうでも実はリーズナブルにお酒を楽しむことができるので、歌舞伎町で飲んだあと、ふらりと立ち寄ってたまにはワインで締めの一杯、なんていうのもいいかもしれない。

※ワインは40種類以上
ワイン以外にも、60種類を超えるお酒を出している。

●新大久保バー巡り④、ガールズバー「シークレット・バー」

金曜の深夜3時。多くの酔客でごった返す週末とはいえ、そろそろ往来を行き交う人よりも通りを流すタクシーの方が多くなってきたころ、ガランとした大久保通りをさまよっていると、歩道沿いにうっすらと光りを放つ看板を発見。んー、どれどれ？　と近づいてみると、看板には「ＢＡＲ」※の3文字。興味を惹かれて看板の先を覗くと、そこには地下に続く、薄暗くてひと一人通るのが精一杯の狭い階段が伸びていて、なんだか怪しい雰囲気満点である。

こわごわと階段を降りていくと、右手にぼんやりとドアが……はっきり言って、どうひいき目に見ても一見客が入りやすい雰囲気ではない。まさしく店名に偽りのないシークレット感満載である。え、駅近なのに……。

深夜の大久保通り。油断していると見落としてしまうような細い階段が入口だ。

ただ、そうした近寄りがたい外観とは裏腹に、勇を鼓して入ってみると店内は実にフレンドリー。カウンター8席の細長い店に、日本人客と韓国人客が混在し、店員の女の子とビールやウイスキーを呷りながら和気あいあいと会話を弾ませている。とつぜん常連客から韓国土産のお菓子が振る舞われた

※シークレット・バー
(Secret Bar)
【住所】東京都新宿区百人町1-15-19 マルスビルB1
【営業日】無休
【営業時間】19時〜翌5時
【料金体系】ビール700円〜　ウィスキー800円〜　カクテル800円〜

り、アイスの差し入れを貰ったり……と言っても別に押し付けがましくはないし、もちろんひとりでボーッとしていてもいい。おひとりさまでも十分楽しめる、居心地抜群のガールズバーである。

店を経営する盧在光さんによると、オープンは3年半前。まだこの一帯にガールズバーがほとんどなかった頃だ。盧さんは2013年の10月からマネージャーに就任。現在は本業の貿易会社と並行してバー経営にあたっている。常連客中心の商売なので韓流ブームの終焉の直接的な影響とは無縁だが、可処分所得の高い30代以上の女性客が減っているため客単価は下降気味で、「バー事業の景気はよくない」※。とはいえ、もともと赤字にならなければいいという気持ちで営業しているので、「売り上げ増を狙うのではなく、ひとつの家族みたいな楽しい店にできれば」という。

お酒を作ってくれる女の子スタッフは現在四人。もちろん全員韓国人だ。この日は、店では最年長という女性スタッフが話相手になってくれた。キャリアは一番浅いが、しっかりした性格のためか盧さんからの信頼は厚い。なんでも、友達と初めて新大久保に遊びにきたときにお店に立ち寄ったら、盧さんのアンテナに引っかかる何かがあったのか、「その場でスカウトされた」。平日は本業があるので週末のみ手伝っている状態だが、巧みな客さばきといい流暢な日本語から繰り出されるテンポのいいトークといい、ホントに新人？　と思わせる接客力である。盧さんの眼力にハズレはなかったわけだ。

ひとしきり会話が盛り上がったあと、最近の日韓関係について尋ねてみると、「いろんな意

※バー事業の景気はよくない
新大久保のガールズバーの客は、特定の一店に長居するよりもサッと飲んで数店をハシゴするケースが多い。あちこちで飲んでいると、他の店で見た客と会うことも多い。

見があると思うけど……」と前置きしつつ、「それは政治の問題であって自分たちの問題じゃないと思う。韓国人としてどう、とか、日本人としてどう思う、というのはおかしいでしょう。日韓両方の友達に聞かれても『なんとも思ってない』と返しています（笑）」とのこと。思えば、取材中にたびたび同じような言葉を聞いたが、韓国で生まれ日本で暮らす、という独特な立ち位置ゆえ、新大久保の韓国人はフラットな視線で物事を見られるのかもしれない。

細長い店内。奥にはカラオケシステムもある。

この日は結局始発が動く閉店まで飲んで、再訪を約束してお会計。チャージは500円ポッキリで、よくあるガールズバーのようにスタッフにドリンクをねだられることもなく、落ち着いて楽しくだらだら飲めて会計はたった数千円。一見さんには少々入りづらいけど、女の子だけで来る客も多いという。最近は看板を付けた効果で初めての客も増えたそう[※]なので、新大久保界隈で飲み過ぎて終電を逃したら、迷わず地下へと続く階段を下りてみよう。薄暗い通路の奥には、これまであなたが知らなかった韓国ワールドが広がっている。

※初めての客も増えた
ピークタイムは22時〜翌2時。日曜日も結構混むらしい。

【コラーゲンたっぷりの濃厚豚骨スープ】
カムジャタンの伝承者「松屋」

サムギョプサルと並ぶ日本で人気の韓国料理カムジャタン。豚の背骨《カムジャ》とジャガイモ、長ネギを煮込んで食べる鍋料理だが、それを日本で初めて紹介したとされるのがここ「松屋」※だ。

今でこそ新大久保のあちこちの店で気軽に食べることができるが、まだ韓国料理が今ほど一般的ではなかった約20年前、カムジャタンを提供する店はおろか、本格的な韓国料理を提供する店もほとんどなかったという。そうした状況をみて、オーナーの金《キム》夫妻は「ここで本場の韓国式の料理を出したら面白いと思って」、1990年に店をオープン。以来20数年間、本格的なカムジャタンを作り続け、「カムジャタンといえば松屋」と言われるまでの存在になった。

●豚骨100％の超濃厚スープ

松屋のカムジャタンの最大の特徴は、ドロリとした豚骨100％の濃厚なスープ。「普通の厨房では無理」なので、専用の特別室でひとつの寸胴につき約30キロの豚の背骨を使用して作られたもので、丁寧にアク取りしたあと長時間煮込まれたスープは、口に入れるとややザラリとして、味はこってりピリ辛。ゴロっとしたジャガイモもスープをよく吸ってコクがあり食べ

※松屋
【住所】東京都新宿区大久保1-1-17
【営業日】無休
【営業時間】11時～24時

松屋

応え十分だし、鍋に山盛りにされたうっすら肉が残る豚の背骨を、手をベトベトにしてガシガシ齧るのも楽しい。

鍋の具材をあらかた食べ尽くしたら、最後はおじやセットを頼もう。店員さんが鮮やかな手際で、残った濃縮スープにご飯や卵、ネギ、韓国ノリなどを投入して見事なおじやを作ってくれる。※

一番人気のカムジャタン。ジャガイモがゴロリと入って食べ応え満点。

オーナーの金夫妻は約30年前にビジネス目的で来日。当時はまだ新大久保が韓流の街でもなんでもない頃で、あるとき焼肉屋でキムチを頼んだら「韓国の味じゃなかった」。これは本当のキムチじゃない、と悲嘆した金夫妻は、本場の味を、それも日本ではまだ知られていなかったカムジャタンの店をやってみようと決意。さまざまな具材で試行錯誤を繰り返し、背骨とジャガイモ以外は長ネギだけ、というシンプルな現在のスタイルにたどり着いた。

「松屋」の客は9割が日本人。新大久保を訪れる客層と同様に、やはり女性客が中心だ。

ただ、最近の新大久保の景気の悪化を受け、客足はピーク時に比べると下がっているという。最大の

※その他のオススメ料理
カムジャタンだけでは足りないという大食漢さんには、特製の巨大チヂミ（1800円）もオススメだ。

鍋の具を食べ終わったら、絶品のおじやで締める

ターニングポイントは竹島を巡る領土問題の顕在化だ。特に2012年8月に李明博元大統領[※]が竹島に上陸したことをきっかけに、一時は客足が激減。もっとも、現在はだいぶ復調しており、「平日でも行列していた」というブームの頃ほどではないが、以前の安定した状態には戻っているようだ。

老舗として商売を長く続けられる秘訣はなんだろうか。その辺りを金夫妻に伺ってみると、「儲けようと思ったらダメ。味を保ち続けるしかない」とのお答え。めまぐるしく変化する新大久保の街とは対照的なスタンスだが、あるいは川の流れのごとく形を変え続ける街だからこそブレない姿勢が大切、ということなのかもしれない。

古くから新大久保を見つめ続けてきた金夫妻。日韓関係のこれからは商売の観点からも懸念されるところだが、金さんの表情は明るい。

「飲食は国の文化。政治的な問題はヌキにして、市民の立場から両国が仲良くなれるように飲食を基にして頑張っていきたい」

※李明博元大統領が竹島に上陸
2012年8月10日、韓国の李明博大統領（当時）が、日本と領有権を争っている島根県沖の竹島に上陸。1時間半ほど滞在した。韓国の現職大統領が竹島に上陸するのは初めてのことで、メディアは大きく報道。日韓関係に大きな溝を生じさせることになった。

居酒屋感覚の韓国料理店「ふる里」

【ひとり飲みにお勧めな駅南口の隠れ韓国スポット】

ＪＲ総武線の大久保駅にはふたつの出口がある。ひとつは、改札の目の前を韓国料理店が連なる「大久保通り」が走る北口。もうひとつが日本式（？）の居酒屋が立ち並ぶ南口だ。「韓流のオオクボ」を目当てに訪れる大半の観光客は当然北口から降りるので、南口には浮ついた雰囲気みたいなものはあまりなく、なんとなく全体に寂しい。ただ、そうしたエリアだからこそ個性的で我が道を行く、面白い店が見つかったりする。

●大久保駅南口の隠れた韓流スポット

南口を出てすぐ左に折れ、突き当りを右に曲がり道なりに進むとすぐ、両サイドに居酒屋やバーが連なる光景が目に入る。年季の入った赤提灯の居酒屋や中の様子が見えない料理屋など、明らかに常連客が席を埋めていそうなディープな雰囲気が漂っているが、その中に一軒、料理メニューを外に貼り出し、カラフルな電飾で看板をデコレイトしている、（比較的）入りやすそうな店がある。釜山出身の金ママがひとりで切り盛りする韓国料理店、「ふる里」※だ。

店内は、韓国料理店には珍しいカウンター席が6席に、四人掛けのテーブル席が3卓。韓国

※ふる里
【住所】東京都新宿区百人町1-15-3
【営業日】無休
【営業時間】11時〜14時／17時〜23時（月〜土）、17〜23時（日）

ふる里

サービス精神旺盛なママ。会話を楽しみたければ空いている時間帯がオススメ。

料理店というよりなんとなく「古き良きニッポンの居酒屋」的な雰囲気が漂う。「韓国料理は食べたいけれど、大久保通り沿いの騒がしい雰囲気は苦手」という人には絶好の環境である。

料理はスンドゥブチゲやチヂミなどオーソドックスなメニューが約25種類※。この日は、チーズチヂミにスンドゥブを注文。チーズチヂミは一人前でも結構なボリュームがあり、ピザを思わせる洋風なテイストが面白い。スンドゥブチゲの出汁は「豚足100％」で2時間煮込んだ後、水と豚足を足して合計8時間煮込むのがママの工夫。コラーゲンを豊富に含む豚足のスープは、コッテリとしていて牛骨スープとはまた異なる味わいが楽しめる。手間がかかるので、土日に朝から一週間分をまとめて作るのだとか。

●客の心をつかむサービス満点のおもてなし

料理を食べながら、カウンター越しにママにお話を聞いたところ、日本に来たのは今から約7年前。親戚のお姉さんの紹介で日本人の男性と結婚したのを機に来日し、以来、大久保に居

※ふる里のオススメ料理
ママのお勧めは「肉類ならプルコギ、スープ類ならスンドゥブやクッパ」だそうだ。

を構え、6年前から近辺の韓国料理店の厨房で働いてきた※。その後、2013年6月に「ふる里」をオープン。基本的にはひとりで回しているが、忙しいときは娘や友達に助太刀を求めているという。お客のほとんどは日本人。話好きのママに惹かれてか、常連の「おひとりさま」も多い。

次々に出てくる金ママのお通し（？）。できるだけ腹を空かせていこう。

サービスの良さもお店の（というかママの）特徴で、雑談を交わしながら次々に出てくるのは、韓国風の卵焼きやキムチ、韓国ノリ、冷やしトマト、ナムル盛り合わせに生マッコリ……嬉しいけど、こんなに食べられないよ！　なんでも「ちょっとだけしか出さないのはイヤ」とのことで、会話も料理もサービス満点です。

新大久保界隈のお店は「2年前に比べるとどこも売り上げは半分になった」というが、「一生懸命、美味しい料理を作っていれば問題ない」とポジティブだ。反韓デモも「お店にはあまり関係がないから」と気に留めなかった。今は、日本に骨を埋めるつもりで厨房に立っているというママ。楽しい会話と美味しい料理を堪能したい、という人は大久保駅南口を目指しましょう。

※韓国料理店の厨房で働いてきた
来日する前も、韓国で自分のお店を持ち、腕を振るっていたという。

【韓国人から日本人、ベトナム人、ブラジル人まで…】
無国籍ヘアサロン「ワールド美容室」

　新大久保駅から大久保通りを渡ってすぐのイスラム横丁を抜け、ふと横のビルを見てみると、なんだか派手な看板が目に入る。真っ赤なボディに白で大きく書かれた文字は※「ワールド美容室」。おお、美容室だったのか。どれどれ……と階段を上がり、中を覗きこんでみると、派手な看板とは裏腹に茶色を基調としたシックで落ち着いた店内。面白そうなので看板に書かれた連絡先を控えてカットを予約。散髪してもらいながらスタッフの方に伺った話によれば、実はこの「ワールド美容室」、13年前からこの場所で商売している、このあたり一帯では有名な老舗の美容室だったのだ。

　後日、改めて取材を申し込むと、二つ返事でオーケー。お話を伺ったのは古参の女性スタイリストであるユンさん。お店のオープン前から日本で暮らし、韓国では20年のキャリアがあるベテラン美容師である。

「オーナーは韓国人の女性で、職安通り沿いにもう一店、違う美容室も運営しています。ここがオープンした当時は韓国人の美容室は2～3店しかありませんでした。最近はたくさん増えましたが、そのうち5～6店は『ワールド美容室』出身の人の店ですね」

※ワールド美容室
【住所】東京都新宿区百人町2-9-15
【営業日】無休
【営業時間】11時～24時

ワールド美容室

「ワールド美容室」店内。広々として明るく、日本の美容室と何ら変わらない。

●お客さんはアジアからヨーロッパ、南米まで…

ユンさんは来日後、日本の美容師学校で免許を取得[※]。もともとは貿易の勉強をするために来日し、しばらく美容関係の輸入業と美容師の二足のわらじを履いていたが、生活が多忙を極めたため今は美容師一本に専念。ヨーロッパで開かれるセミナーにも参加するなど充実した美容師ライフを送っている。

「お客さんで一番多いのは韓国人。半分ぐらいはそうですね。あとの半分は、日本人、中国人、ベトナム人、フィリピン人、ミャンマー人、ネパール人、タイ人、イギリス人、ブラジル人、コロンビア人……留学生が多いけど、社会人もたくさんいますよ」

とのこと。なんとコロンビア人まで！　いやはやワールドワイドですねえ。まさに新大久保ならではな客層。「ワールド美容室」の看板に偽りなしである。しかし、いったいなぜそんなにいろいろな国籍のお客さんが来るんでしょう？

※日本の美容学校で免許を取得
韓国でもすでに免許を取っていたが、日本で美容師として働くためには日本の免許が必要。

「韓国の美容師は技術レベルが高いんです。あと、日本のヘアスタイルは梳いて軽めだけど、ヨーロッパは重たいスタイル。韓国風のスタイルも重たいので、似ているんですね。それに早いし、値段も安い」

ちなみに「ワールド美容室」のカット料金は、男性はシャンプー込みで2000円。女性は髪が長いので余分にケアが必要なため、諸々込みで3000円と男性よりやや高めだが、それでも破格と言わざるをえない。おまけに5回通うと1回タダになるポイントサービスもあるし、「遠くから来るお客さんも多い」というのも納得である。

新大久保の美容室で働くのは、「いろいろな国の文化や政治の話が聞けて面白い」というユンさん。パーティーなどハレの日の仕事では民族衣装も見られるので楽しいのだとか。日本語でのコミュニケーションが基本だが、相手が最低限の単語さえ知っていればひと通りのことはできるので、特に困ったことはないという。

最近の景気について尋ねると、「震災でこの辺りの外国人は帰った人が多く、景気はあまり良くありませんねえ」。それでも、取材中は早い時間帯にも関わらず次々にお客が来店しており、人気店ぶりの一端が垣間見えた。

最後にオフの日の過ごし方を。「オフは映画をみたり、山に登ったり。高尾山※が好きですね」とのこと。そろそろ髪でも切ろうかな……と考えている人は、新大久保に遊びにきたついでに、気さくで話し上手な美容師さんと、散髪がてら山の話なんていかがでしょうか。

※高尾山
東京都八王子市にある、標高599メートルの山。フランスのガイドブック『ミシュラン グリーンガイドジャポン』で3つ星を獲得したこともあり、近年では外国人も多く訪れる人気の観光地になっている。とろろそばが名物。

【唐辛子から調味料、マッコリ、食器類まで何でも揃う】
韓国食材の宝庫「南大門市場」

もしかしたら数百店あるかもしれない、韓国料理店の聖地新大久保。何度も足繁く通って、美味しいチゲやチヂミに舌鼓を打っているうちに、次第に韓国料理そのものに興味が湧いてきて、なんだかだんだん家でも作ってみたくなって……なんて人も多いだろう。

でも、本場の唐辛子や調味料などをどこで買えばいいのかわからない……。そんなふうに途方に暮れたときは、「南大門市場」※に行ってみよう。場所は職安通り沿いにあるハローワーク新宿歌舞伎町庁舎の向かい。遠くからでもひと目でそれとわかる黄色の派手な看板が目印だ。

●青果からマッコリ、チゲの専用鍋まで

一見、普通のスーパーのように思えるが、看板にでっかく書かれた「南大門市場」の文字を見ればわかるように、もちろん単なるスーパーであるはずがない。店内に一歩足を踏み入れると、あるわあるわ、韓国食材の数々。野菜コーナーに始まり、レトルト食材や唐辛子、数種類のドリンク類、さまざまなフレーバーのマッコリ類、トッポキやトックなどの餅類……、さらにはチゲの専用鍋や食器まで、韓国の「食」に関するモノをまんべんなく網羅。まさしく「市

※南大門市場
【住所】東京都新宿区百人町1-1-3
【営業日】無休
【営業時間】9時～23時

南大門市場

「南大門市場」店内。一番奥がキムチなどがある惣菜コーナーだ。

場」の名を冠するにふさわしいラインアップである。※マッコリってこんなにあったんですね！

　あれも欲しいこれも欲しいと目移りしながら店の最深部まで進むと、そこに鎮座ましましているのは「南大門市場」の最大の見せ場（？）である「南大門物菜」。文字通り、自家製の韓国式お惣菜を扱うコーナーだ。

　売られているのはキムチやナムルはもちろん、チャンジャやのり巻き、チヂミ、チャプチェなどさまざま。すべて裏の厨房で毎日手作りされているもので、キムチだけでもタコキムチにいかキムチ、エゴマの葉キムチなど数種類を用意する。どれも美味しそうで迷ってしまうが、これらはすべて試食可能なので、一番気に入ったものを選べるのも嬉しい。

　4月から店長を務めているウーさんにお話を伺うと、「南大門市場」がオープンしたのは今から約10年前。ウーさん自身は奥様が日本人で、4年前に来日したという。他店で経験を積み、今は32歳の若さで店の陣頭指揮を執る日々だ。

「商品は全部で1000種類以上。食品が中心ですが、コスメやアクセサリー、雑貨なども最

※マッコリってこんなにあったんですね！
南大門市場では韓国のアルコールも豊富に揃えている。なかでもマッコリは10種類近くも置いている。

様々な種類のマッコリ

近は置き始めました。韓国のコーヒーやナツメ茶※、それにトウモロコシ茶※なんかがよく売れますね。生マッコリも人気があります」

客層は日本人がほとんどで、多くは観光客だとか。やはり9割は女性客だ。

いろいろな種類のキムチやカクテキは、どれも試食可能

「売り上げは、2年前に比べると確かに落ちています」とウーさん。「（韓流）ブームのときはレジを待つお客さんの列が店の奥までできていましたから」と当時を懐かしむ。特に、2013年4月からの落ち込みは顕著で、反韓ブームのほかに、世界遺産登録された富士山や、東京の新名所になったスカイツリーに観光客を持っていかれたのが大きい、という。「ウチも観光客が中心なので、影響はあると思いますね。むしろそっちの方が（影響が）大きいかも」。富士山やスカイツリーがこんなところで影響を及ぼしていたとは……。意外といえば意外な理由である。

これからはお店の看板である惣菜をもっと強くアピールしていきたい、とウーさん。毎日作られる自家製キムチの白菜の葉一枚に、お店の明日が懸かっているのである。

※ナツメ茶
ハチミツなどにつけたナツメの実をお茶にしたもの。ほんのりとした甘みが特徴。ホルモンバランスを整えるなどの効能があるとされる。

※トウモロコシ茶
トウモロコシの実を炒ったお茶。トウモロコシのヒゲを原料とするトウモロコシヒゲ茶もある。

【新大久保を知るインタビュー】

日韓の協力関係が戻る日を信じて

新大久保語学院 院長
李《イ》承《スン》珉《ミン》さん

●ワールドカップと韓流ブームで爆発的に増えた

私は1996年に留学生として来日しました。その前は韓国の大学を卒業して5年ぐらい、広告会社でサラリーマン生活を送っていたんですが、毎日、朝早くから夜遅くまで仕事仕事の忙しい日々。それでも一生懸命働いていましたが、そのうち「面白くないな」と思うようになって、「自分の仕事がしたい」と考えるようになりました。

それで来日して板橋の日本語学校に通い、1年半ぐらい勉強して、その後日本で大学院に通ったんです。大学院では研究生を1年、修士課程で2年勉強しました。日本に来たのは、周りの人たちの「日本はいい国だ」という評判を聞いていたから。周りの評判と、反日教育とのギャップが大きかったので好奇心があったんですね。どうしても自分の目で見てみたかったんです。

昔の新大久保は暗く、危ない街でしたね。私が日本に来た96年当時は、韓国の店は今のように多くはありませんでした。食材店やレストランは10軒もなかったはずです。

それがなぜここまで韓国人が増えたのかというと、まず、歌舞伎町の存在が大きかったのだと思います。バブル期以降、歌舞伎町で働く水商売の韓国人女性が多くなり、そうした人たちのベッドタウンが新大久保だったんですね。で、次第に韓国人留学生の男性の中にも、歌舞伎町で働く人たちが増えてきました。たとえばクラブでのホール係とか。やはり住まいはこの周辺です。それで、学校を卒業した男性たちが韓国に帰国せず、水商売の女性を相手に商売をし始めました。たとえばレンタルビデオ屋とか、旅行会社とか、食堂とか……。最初は留学のために日本に来て、卒業してから同国人相手のビジネスを始める、という流れができたわけです。

そうして徐々に韓国人が増えていったわけですが、劇的

【李承珉さん】韓国ソウル出身。母国の大学を卒業後、会社員を経て1996年に来日。早稲田大学の大学院で地方自治を学ぶ。2002年に新大久保に韓国語を教える「新大久保語学院」を設立。2014年9月現在、新大久保校、新橋校、渋谷校、横浜校、池袋校の5校を運営する。

に変わったターニングポイントは、やはり２００２年のサッカーのワールドカップでしょう。日韓共催で、両方の国で注目が集まりました。それから日本人が新大久保に来るようになり、韓国人も同国人が多く住んでいることを知って、「留学するときはまずはこの周辺に来ればいい」と訪れるようになったんです。

第二のきっかけは、２００３年から翌年にかけての韓流ブームです。このブームはマスコミに注目されて、コスメや芸能グッズ、屋台、Ｋ・ＰＯＰのライブハウスとか、日本人を対象にしたいろんな店ができ始めました。韓国ドラマがヒットして、２００８年からはＫ・ＰＯＰも流行った。そういう大きな動きがあったわけです。日本でＫ・ＰＯＰアイドルのライブがあったら、観にいったお客さんは新大久保にそのまま流れて来ますので、公演があった日は、この辺りでもスーツケースを持っている人が多いですね。

新大久保の韓国人の店は、正確な数を出すのは難しいのですが、５００店舗ぐらいあると言われています。韓国の店舗と地元の商店会との交流は、韓人会（在日本韓国人連合会）を通してよくありました。たとえばお祭りの際に屋台を出したり、出し物を披露したり。地元の「大久保商店街振興組合」にも韓国人商店主が参加しています。地元の人には地主やビルの所有者が多いので、友好的ですね。ビルを持っている人からすれば、テナントを借りてもらえるわけですから。地元の商店の人も、お金を落としてくれる観光客がくるわけだから、韓国人ビジネスにあえて反発はしません。

ただ、何もビジネスしていない人や昔から住んでいる高齢者の方にとっては、街がうるさくなり、人がたくさんいて歩道も歩きづらくなるなど不便を感じることになったわけですから、快く思わない人もいます。

●生徒二人から始まった語学学校

新大久保語学院は2002年6月に設立しました。

きっかけは、日韓共催のワールドカップが始まる直前にはじめた韓国語講座です。韓国に興味がある人がいるかな、と思って、韓人会に「韓国語の講座を作ればどう?」と提案してみたんですね。私自らも教えたのですが、そのとき10人ぐらいの募集に20人以上の応募があった。それを見て、「これはビジネスになるかも」と思ったんです。ワールドカップが終わってからすぐ日本人に韓国語を、韓国人向けに日本語を教える教室をオープンしました。すでにそのとき日本で就職していたのですが、もともと、何かビジネスチャンスがあれば辞めるつもりだったので、すぐに決断して仕事を辞め、創立しました。

最初は資金がなかったから親に借りて、マンションの一室で始めました。講師は私と妻です。折込チラシを1万部作って広告を打ったら、二人来てくれたのでそこからスタート。それから徐々に増えていき、2002年末には生徒さんは40人近くになった。その後、友人に頼んで学校のHPを作ってもらったら軌道に乗り、よりたくさんの生徒さんが集まるようになりました。

いまはこの辺りに競合校が10校ぐらいありますが、当時は1社もなかったので、検索すると一番上に来ていましたね。競合が増え始めたのは2005年ぐらいからです。2004年に韓国のテレビに出てインタビューに答えたことがあって、「200人ぐらい生徒がいたら経営が安定した」というような話をしたんですが、それを見て学校経営を始める韓国人が増えたようです(笑)。ただ、競合が増えたといっても生徒を取り合うようなことはありませんね。むしろ、市場が広がったので良かったと思っています。

新大久保語学院（新大久保校）の授業風景。習熟度に応じて多数のコースが設けられており、韓国語に初めて触れる初学者のための無料講座「韓国語普及講座」（定員制）もある。詳しくは同校の HP（http://www.shin-gogaku.com/）を参照のこと。

人気のコースは入門コースと初級コース。生徒数は、新大久保校が一番多いですね。今は約６５０人います。90%が女性ですね。でも、昔はもっと女性が多かったんですよ。ビジネス目的の男性が増えてきているのが最近の傾向です。年齢は30代から50代。ボリュームゾーンは30代女性ですね。職業はバラバラですが、やはりＯＬの方が多いです。韓国の映画やドラマが好きな人もいれば、旅行するのが好きという人、韓国人の友達がいる人、いろいろです。竹島の事件がなければ、生徒さんももっと増えていたでしょうが、今は入会数が鈍くなっています。去年の8月がピークで、それ以降は徐々に減ってきていますね。

●また協力関係に戻る日を信じている

韓流ブームによる集客はかなり落ちています。きっかけはやはり竹島問題。マスコミが韓国叩きをしていますよね。デモやヘイトスピーチもあり、新大久保に遊びに来る人がだいぶ減りました。テレビも新大久保に関する番組をほとんど作らなくなっています。

ブームの影響で、大家さんも家賃を上げましたが、一度上げてしまうと下げるのは難しい。だから飲食店は潰れる店も多いです。ただ、新しい店もできています。かつてのような勢いはありませんが、新規オープンする飲食店は多いですね。新しい店でも、他店との差別化ができていれば、食べに行く人はいます。ようは競争力の問題で、新しい店だから受けない、ということはありません。

デモの影響は、あったといえばありました。直接的な影響もありますが、むしろ大きいのは社会的な雰囲気の問題です。つまり会社や家庭内の雰囲気ですね。

たとえば奥さんが韓流に熱中していて、以前は旦那も黙認していたのに、口を出すようになる。「韓流ファンを辞めたら?」とかね。職場でも人前でなかなか「新大久保に行く」と言えなくなった、とか。それに、マスコミの露出が少なくなっているので、韓流を見て勉強したい、という人が減っているんですね。

それはテキストの販売量などを見ていてもわかります。前は「初級1」のテキストが売れていましたが、今は減っちゃって、「初級2」が増えている。どういうことかというと、「初級1」は韓国語を勉強する人が初めに使うテキストなので、入門する人が減っている、ということなんですね。ピーク時の20%ぐらいに減っています。

今後の展望ですが、多言語の学校にすることを視野に入れています。韓国語の需要が減り、市場が縮小すると、将来性が見えなくなりますから、英語とかアジア圏の言語とかも教えるようにする、とか。すでに少しずつ進行している部分もありますよ。今年から生徒数が厳しくなっていることはもう確認済みの事項なので、将来発展するためには、やはり他の言語も入れなければなりません。今は無料英語入門講座を始めています。

日韓関係については、当たり前ですが、関係は良くなった方がいい。悪くなると新大久保に人が来なくなりますし、いろんな部分で影響がでます。私自身は、在日のひとりとして、関係を良くして欲しいという希望があります。関係を悪化させたのは双方の政治家ですから、政治家に関係が回復するよう努力して欲しい。

デモをこの街でやる必要はありません。この街は民間の交流の場。せっかくお互いにいい関係を作ってきたのだから、それを政治が妨げなければ、また良好な関係に戻れるかなと思っています、希望を込めて。日韓関係はこれまでも葛藤と協力の繰り返し。今は葛藤の時期かもしれませんが、また、協力関係に戻る日が来ることを信じています。

【第六章】足立区で感じるマニラの風～竹ノ塚

東京のリトルマニラ〜竹ノ塚 地図

■ 竹ノ塚駅周辺

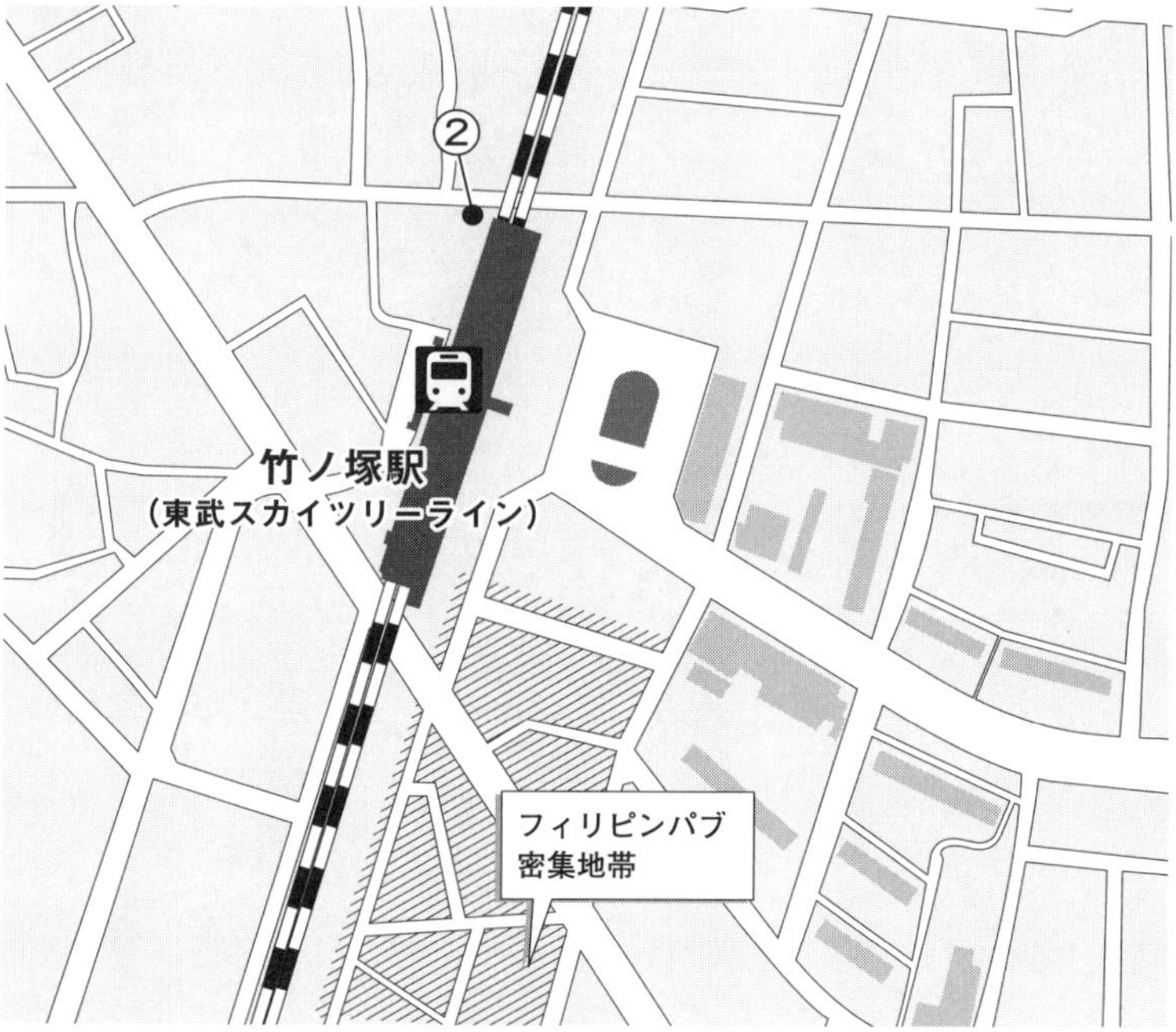

■ 竹ノ塚広域図

①隠れ家的なフィリピンレストラン「ニューハングリー」(→ 189 ページ)
②駅からすぐのフィリピン食材＆レストラン「カバヤン」(→ 193 ページ)
③フィリピーノたちに愛される雑貨店「ディヴィゾリア」(→ 196 ページ)

秋葉原から日比谷線で約15分の北千住、そこからさらに東武スカイツリーラインに乗って約10分。ふたつ隣の駅はもう埼玉県の草加という、東京の東の外れに位置するのが、足立区竹ノ塚※である。

東京の東の外れ、竹ノ塚駅の駅前。一見、フィリピンの気配は感じられない。

おそらく東京に長く住んでいる人でも、実際に訪れたことがある人は近隣住民以外ではあまりいないのではないだろうか。都心から遠く、スカイツリーラインの沿線にありながらスカイツリー観光の恩恵とは無縁だし、耳目を引くテーマパークも特にない。話題のレストランがあるわけでもなければ、行列ができるラーメン屋もない。要するに「ちょっと遊びに」行く感覚で訪れる街ではない、何の変哲もないフツーのベッドタウンなのだ。ただ、夜を除いては。

日が暮れて、あたりが黒く染まるころが竹ノ塚の真骨頂だ。

駅近辺の雑居ビルには煌々とネオンが灯り始め、車道には大型の車がズラリと並び、歩道には近づくと声を掛けてくる数人の客引きたち。誘い文句は「フィリピンパブ、ドウ?」――そう、竹ノ塚は都内

※竹ノ塚
「塚」は濁らず「たけのつか」と読む。住居表示では「竹の塚」と表記するが、本稿では便宜上、駅名である「竹ノ塚」を使用する。

屈指のフィリピンパブタウン、東京の「リトル・マニラ」なのである。

竹の塚が「フィリピンパブのメッカ」として名を馳せるようになったのはいつごろのことなのか、そのあたりは明瞭ではない。何軒かのフィリピンパブで聞いた話によれば、だいたい20年ほど前に竹ノ塚で初となるフィリピンパブが開業したということだが、現在はそうした古株の店は閉店しているか、そうでなければオーナーが替わり、店名も変わっているのがほとんどで、正確なところはわからない。あくまで「どうもそうらしい」という噂によって、ただ仮説だけがぼんやりと漂っているのみである。

では、竹ノ塚におけるフィリピン人の在住者数はどうなっているのだろうか。

足立区のデータでは、2013年の外国人世帯数は1万4514世帯。登録している外国人の総数は2万2282人で、その内訳は中国人が最多の8131人、韓国人及び朝鮮人が7969人、そしてフィリピン人が3221人となっている。※

これだけみると「リトル・マニラ」といってもピンとこないが、東京都のデータをあたってみると、同年1月時点での区市町村別にみたフィリピン人の登録者数は、足立区以外では多い順に江戸川区の2325人、大田区の2101人、江東区の1393人……という順。竹ノ塚は2位の江戸川区に1000人近い差をつけているなどダントツだ。

ただ、足立区におけるフィリピン人数の推移をデータでみてみると、実は2008年がピークで3726人と直近の10年間ではもっとも多く、以降ゆるやかに下降している。人口減の要因を単純に決めつけることはできないが、ひとつにはビザ、特に「タレントビザ」の規制が少

※足立区の登録外国人のうちわけ
残りは「その他」の2961人。

なからず影響していることはおそらく間違いない。ここでいう「タレントビザ」とはいわゆる「興行ビザ」※のことで、要するにダンサーやシンガー、俳優などで生計を立てる外国人向けのビザを指す。

竹ノ塚駅を出ると目の前に現れる巨大な団地と商店街。裏にも店が並んでいる。

竹ノ塚のフィリピンパブで働くキャスト（女の子）たちやフィリピーナ相手の商売を手がけている人々の話すところによれば、数年前まではこの「タレントビザ」を取得して来日するのが出稼ぎ目的のフィリピン人にとってもっともスタンダードな方法であり、竹ノ塚でも多くの「タレント」フィリピン人が働いていたという。パブはもちろん、彼女ら目当ての商売を手がけていたスーパーやレストランも大繁盛、品物は仕入れた端から飛ぶように売れ、レストランはひっきりなしに客が来るという時代で、それは竹ノ塚周辺に突然訪れた数年遅れの「プチバブル」だった。

だが、バブルはいつかは弾けるのが世の理。

２００５年から２００６年にかけて、入国管理局を統括する法務省が興行目的で入国する外国人の基

※興行ビザ
外国人が日本で就労する場合は、原則として「就業ビザ」が必要になる。興行ビザはその一種。「就業ビザ」は業種によって様々な種類があるが、大学教授や医師、研究者、技術者といった専門性の高い業種や職業が対象で、ホステスのような仕事は対象外だった。そこで日本に出稼ぎにくるフィリピン人女性らは歌手やダンサーと称して「興行ビザ」を取得。ピークの２００４年には、年間8万人ものフィリピン人が興行ビザで来日していた。

準を省令※で厳格化したことにより、「タレントビザ」の取得が困難になり、出稼ぎ目的で来日するフィリピン人が激減。当然竹ノ塚も例外ではなく、当時からフィリピーナ相手の商売をしている人によれば「全然ダメ」なありさまとなった……という。これが近年におけるざっくりとしたフィリピン人の来日事情である。

竹ノ塚のフィリピンパブでキャストたちと話していると、日本人男性との結婚歴（と離婚歴）があったり、母親と二人暮らしだったり、故郷に子どもを残していたりと、その背景はさまざまだ。それぞれが軽くない何かを背負っており、ダブルワークは当たり前。多いのは工場での弁当作りか介護職で、そうした仕事を持ちつつ、夜はパブで働く日々を送っている。賃金は少なく、たまにある休日は家でゴロゴロ……これだけ聞いていると、その苦労話に憐憫の情を抱き、なんだか酒どころじゃないような思いに囚われる（かもしれない）。

だが、パブで自分たちのそうした日常を語る彼女たちは一様にあっけらかんと明るく、気負いのようなものはあまり感じられない。陽気な国民性によるものなのか、それとも接客業のプロとしての矜持なのか。おそらく前者だろうけれど、もしかしたら我々は、そうした屈託のない明るさに惹かれ、今宵もフィリピンパブに繰り出すのかもしれない。フィリピンパブとは、くたびれたサラリーマンに一時の癒やしを与える、夜のパワースポットなのである。

※省令で厳格化
厳格化の直接的なきっかけになったのは、アメリカの国務省が２００４年に出した「人身売買報告書」にあるともいわれる。報告書では、日本の興行ビザが人身売買に悪用されていることに言及、日本政府に是正を促していた。それを受けて内閣府は２００４年に興行ビザ発給の見直しなどを含む「人身取引対策行動計画」を発表。以降、興行ビザの審査が厳格化し、08年には興行ビザで入国するフィリピン人はピーク時の10分の1にまで激減。その後も年々減少を続け、12年は約２０００人にまで数を減らしている。

【1時間2000円から遊べる〝おとなの癒やし〟】

竹ノ塚のフィリピンパブ巡り

フィリピンパブ、通称「ピンパブ」。一般的には広く知られた言葉だが、一度でもそこで遊んだことのある人は実は意外に少ないのではないだろうか。特に20〜30代ぐらいの若者層になると、たとえば居酒屋で酒を飲んだ帰りにもう一軒、となったとき「キャバクラに行く」ことはあっても「フィリピンパブに行く」という発想の人はあまりいなかったような気がする。身近な存在のようで意外に遠い、なんというか「路上のおでん屋台」みたいな存在である。

●その① 哀愁漂う路地裏のパブ

金曜日の夜8時。とうに日も暮れてあたりが完全に黒く染まったころ、竹ノ塚駅前の東口周辺をぶらぶら歩いてみると、何の変哲もなかった昼間の街の様相がすっかり変質していることに気づく。目の前の路上には、狭いスペースにひしめくようにズラリと並ぶ送迎車※と、流暢な日本語を操るフィリピン人と思しき客引きの面々。薄暗い通りでは英語やカタカナのネオンが田舎のコンビニのように周囲を煌々と照らし「夜の街」を演出している。

細い路地に入ってみても、どこもかしこもネオンが妖しく灯るビルだらけで、静まり返って

※ズラリと並ぶ送迎車
閉店後にフィリピン人キャストを自宅に送り届ける、いわゆる「送り」のための車。日が落ちるとどこからともなく集まり、メイン通りの路肩に隙間なく停まっているため、初めて見ると圧倒される。

いる周囲からこの一帯だけ独立しているようなありさまは、まるで砂漠に建造されたラスベガスもかくやといった風情だ。ラスベガスと違うのは、歩いている客がほとんどいないことぐらいだろうか。酔客でごった返す光景を想像していただけに、拍子抜けするほど視界が広い。確か今日は週末じゃなかったっけ……。

気を取り直して、とりあえず目についたネオンの店へ入ってみる。路地の裏側のビルの中の一軒で、なんとなく通好み風な雰囲気が漂う。

エレベーターを降りて目の前の重厚なドアを開けて店に入ると、店内はパブらしく（？）薄暗く、雰囲気もなんとなく気だるいムードが蔓延している。なんだか場末のバーみたいだな……と思ったが、よく考えたらここは都心から遠く離れた竹ノ塚。どこに出しても恥ずかしくない立派な場末のバーそのものなのであった。

ともあれ席に着くと、入り口付近のスペースに溜まっていた中から二人のキャストが隣に来て、パブの作法に則っておしぼりや焼酎、水割り用の水、乾き物のつまみなんかを並べてくれる。

この日席に着いてくれたのはJさんとAさん。Jさんは長身で浅黒く、グラマーなセクシー系で、頭の中でイメージしていた「ピンパブ」のキャストそのままの容貌だ。AさんはJさんより幾分年若く、フィリピン人女性に抱くイメージそのままのオープンな陽気さが眩しい。

ここで簡単に竹ノ塚のピンパブのシステムを紹介しておくと、まず時間は概ね「1時間セット」が基本で、料金は最安値2000円から高くても3000円程度。延長すると、そこに30

※歩いている客がほとんどいない
通りを歩いていたのは筆者を含めて数人。明らかに客引きの数の方が多かった。

※JさんとAさん
ともに日本語がペラペラ。Jさんは在籍して1年、Aさんは3カ月程度という。

分で1000円程度が追加される仕組みとなる。※一般的なキャバクラと大きく異なるのは、やはりなんといってもその料金体系だ。竹ノ塚エリアのピンパブの相場は前述の通りだが、この価格で焼酎やウィスキーが飲み放題なので、高額のボトルを入れたり、キャストに大盤振る舞いしたりしなければ、なんとミニマム2000円で1時間遊べてしまうのである。うーむ、なんという圧巻のコストパフォーマンス。

フィリピンパブが集まるメインストリート。昼は閑散としている。

店内に話を戻すと、客入りは他に一組来店したぐらいで、全部で4組といったところ。常連と思しきオジサマとキャストがテレサ・テンをデュエットしていたりして、場末感を一層盛り上げてくれる。

手持ち無沙汰なので目の前の薄い水割りをちびちび飲んでいると、Jさんから質問が飛んでくる。住まいはどこか、歳はいくつか、彼女はいるのか……。※こちらからもいくつか質問してみると、Jさんは来日2年目で現在独身。日本人男性と結婚して日本に来たが、離婚していまは一人暮らしだという。休みの日は何をしているのか聞いてみると「家でゴロゴロ」。この「家でゴロゴロ」はJさんだけに限ったも

※ピンパブのシステム
キャバクラなどと同様、お気に入りのキャストを指名する「本指名」と、入店してから気に入ったキャストを席につける「場内指名」などもある。料金については、お店のスタッフに確認しよう。

※彼女はいるのか
「彼女はいるのか」はこうした場での定番の質問だが、竹ノ塚界隈のピンパブではみな一様に「いない」と言うと「ナンデ?」と聞いてくる。なんでと言われても困る。

のではなく、竹ノ塚界隈の取材で会ったピンパブ嬢のほとんどが異口同音に答えた過ごし方で、外に遊びに出かけたりするような女の子はひとりもいなかった。まあ、節約や休肝、それに休みの合う友達がいないことなどを考えれば当たり前といえば当たり前の回答かもしれないけれど。

この日は、竹ノ塚駅前で食べたフィリピン料理※の話などで大いに盛り上がったあと、一時間ちょうどで終了。結局、入店から退店まで、他の客は一組入ってきただけだった。Jさんによると「本格的に混みだすのは22時以降」で、オープン後すぐはだいたいこのぐらいの客入りが通常運転だそうな。静かに落ち着いて飲みたい人は「口開けすぐ」を狙えばいいのかもしれません。カラオケも好きなだけ歌えます。

●その② 竹ノ塚屈指の人気店

ほろ酔い加減で一軒目をあとにして、再び薄暗く人のまばらなメイン通りをぶらぶら散策していると、往来に立つ客引きのフィリピン人男性が声をかけてくる。繁華街ではお馴染みの光景だが、とはいえ一時期の歌舞伎町や池袋あたりとはほとんど比べ物にもならないレベルなので、つい酔い醒ましに少し話してみようかな、という気が起きたりもする。

情報収集も兼ねて立ち話してみると、なんでも彼が誘う先の店は、この辺り一帯で最も古くから営業しているパブのひとつなのだとか。流行り廃りの激しい業界で長く続いているということは、何かしら他店にはない魅力があるのかもしれない。

※竹ノ塚駅前で食べたフィリピン料理
「カバヤンストア」（193ページ参照）の料理のこと。フィリピン料理を食べる日本人は珍しいのか、「フィリピン料理を食べてきた」と話すと、実にウケがよかった。遊びにいく人は参考にしてほしい。

興味を惹かれたので、誘われるままに入店することにして、エレベーターで階を上がりドアを開ける……と、目の前には大音量のポップな音楽が流れる店内に、30人はいるかという客と、そこから発せられる賑やかな話し声と笑い声。人が全然歩いていないと思ったらこんなところに！　一軒目の店が場末のバーだとしたらここはまるでタイのゴーゴーバーだ。同じピンパブでもずいぶん違う、竹ノ塚の奥深さを改めて再認識させられる光景である。

裏通りにもピンパブがズラリと！

席について一息ついたところで店内をゆっくり観察してみると、客層は一軒目に比べてずいぶんバラつきがある。スーツ姿の中年男性が多いものの、20代後半から30代前半ほどの若者グループもいる。カラオケはテレサ・テンや細川たかしなどは定番として、夏場に巷で流れているような日本語ラップも聞こえてきたりして、統一感がまるでなくて面白い。キャストは若い娘が多く、バリバリのフィリピン人、というよりはハーフだろうか、日本人的な顔立ちの※娘も少なからずいるなどバラエティ豊かだ。客層が幅広いのもわかる気がする。

※**日本人的な顔立ちの娘**　フィリピンパブでは、「ジャピーノ」と呼ばれるフィリピン人と日本人のハーフの娘も働いていることがある。

相手をしてくれたのはやや日本語にたどたどしさが残るMさん。年齢は30代前半と、同店では比較的上の年齢層に属するのだろうが、入店3カ月という新人だ。聞けば、フィリピンに幼い子どもがいて、将来日本に呼ぶか考えているという。一軒目のJさん同様、日本人男性と結婚したがじきに離婚、というパターンで、今はやはり近辺で一人暮らしをしているそうである。

ところでこの日本人男性と結婚してじきに離婚、という話は、今回の竹ノ塚界隈の取材中に何度も聞いたパターンで、実は珍しい話ではない。

裏側にあるのは容易に推測できるようにビザの問題で、興行ビザが厳格化された今、日本に出稼ぎでこようとする際の定石のようなものらしい。

いくつかの店で聞いた話によれば、間を仲介するブローカーもおり、少なくないお金※を払って日本に来ているケースもあるという。そうした場合は本人たちも日本のどこに来るか、来てみるまでわからないそうで、時には愛知だったり長野だったり埼玉だったりして、過去にあちこちを転々としている女の子も珍しくなかったりする。※

キャストに聞いた話によれば、給料※も水商売としては決して高いとはいえない水準で、数学の苦手な自分からすると、果たしてほんとに元が取れるんだろうかと思わず余計な心配をしてしまうが、「フィリピンの物価を考えれば十分」なんだとか。

そんな話をつらつらと聞いていると、屈託のない陽気な笑顔の裏側にそんな苦労が……と思わずしんみりムードになってしまいそうになるが、カラカラと冗談を飛ばして大声で笑う彼女らを見ていると、なんだかあまり悲壮感漂うといった趣ではない。もちろん内面まではわから

※少なくないお金
仲介料は、一説によると数十万円から百数十万円にもなるともいわれる。

※偽装結婚のいま
某店のキャストによると、偽装結婚はほとんどなくなり、今は恋愛結婚が主流（？）だともいう。

※給料
某店のキャストの給料（時給）は深夜のデニーズより少しいいぐらいだった。

裏通りも人はあまり歩いていない。ゆっくりお店探索するには丁度いい…かも。

ないけれど、結構みんなあっけらかんとオープンに教えてくれるので、そうした文脈で語るのが適切なのかどうか今ひとつわからなくなってくるのである。

あれやこれやと話しているうちに時間になり、支払いして二軒目を退店。結局、入店してから出るまで常に客足が途切れない盛況ぶりで、老舗のパワーを実感した一時間であった。聞けば、一見客も3割程度はいるとのことで、ピンパブ初心者がデビュー戦を飾るにはちょうどいい店の選択なのかも。ちなみに常連客は少なくとも3時間ぐらいは滞在するのが普通だそうで、竹ノ塚でお大尽遊びがしたい人は参考にするといいかもしれません。

●その③ 昼キャバならぬ「昼ピンパブ」に潜入

いい感じに楽しく飲んで眠りについた翌日。夜の怪しげな雰囲気はどこへやら、休日の、それも午前中の竹ノ塚は行き交う車も少なく、もちろん道行く人もあまりいなくて穏やかな空気が漂っている。

　あれほど淫靡な空気を醸し出しまくっていた駅前東口すら、※頻繁に通り過ぎていく電車の音だけがB

※頻繁に通り過ぎていく電車の音
竹ノ塚駅には一部で有名（?）な開かずの踏切がある。

GMで、もはや夜の「リトル・マニラ」の芳香は微塵も感じることができない。

まあ、こんな時間だし……と灯りの消えた店先を眺めながらぶらぶら裏通りを散策していると、なにやら数メートル先に看板を出したままの店が。はて、と訝しみつつ近寄ってみると、店先には営業中の案内。頭の中を「?」マークだらけにしながらおそるおそるドアを開けてみると、店内に響き渡るカラオケの歌声と「イラッシャーイ!」※……。さすがリトル・マニラ竹ノ塚。早朝でもしっかり営業しておりました。「眠らない街」とは竹ノ塚のことだったのか。

せっかくなので早朝だけど一杯飲んでいくことにして、案内されるままに店内へ。隅の席につき、おしぼりで手を拭って一息ついたところで店内をゆっくり観察してみると、スーツ姿のサラリーマン二人組がなんともどんよりした空気(のように見える)に包まれ、ちびちびと水割りを啜っている。

延々流れてくる歌声は常連らしき中年の一人客のもので、マイクを握ったまま次々に懐メロを投入。まさか自分の人生に朝から酒を飲みながら沢田知可子を聞く日が来るとは……一寸先に何があるかわからないものだ。

沢田知可子メドレーを聞きながらぼんやり酒を啜りつつ、キャストのSさんにいろいろ話を聞いてみる。彼女は現在、フィリピン人の母親との二人暮らし※。お店で働き始めたのは一年ほど前からで、主に朝の時間帯に出ているという。年齢は20代半ば。たまに母親が経営している居酒屋の手伝いもしているという働き者だ。休日はやはり「家でゴロゴロ」。特に「観光をしたいとも思わない」そうで、ひきこもっているのが純粋に好きなんだとか。ただ日曜日だけは

※「イラッシャーイ!」
この日は四人ほどキャストがいた。

※フィリピン人の母親との二人暮らし
住まいは隣の西新井だが、以前は埼玉県の草加に住んでいたこともあるとか。他の店でもやはり草加周辺に住んでいるキャストが何人かいたので、この東武伊勢崎線ラインが彼女らのベッドタウンになっているのかもしれない。

別で、2駅ほど離れた場所にある教会に行き※、祈りを捧げているという。

そんなことをあれこれと話していると、いつの間にかお通しが卓上に並べられている。マカロニサラダやトマトの和え物などが少量ずつ盛られ、手元には割り箸も。こうなるとほとんど居酒屋だが、このどんよりした退廃的な空気の中では妙にしっくりくるのが面白い。

メインストリート周辺はフィリピンパブだらけ。迷ったらフィーリングで！

そのうち、唄い切って満足したのか、常連客がこちらの会話に混ざってきた。竹ノ塚エリアのピンパブでは、カラオケは一曲につき200円程度かかるのが基本だが、聞けばこちらの店ではカラオケが唄い放題だという。

せっかくなのでと演歌を一曲。ヒマを持て余したのか、唄っているとぞろぞろとカウンターからキャストやママが出てきて、自分の周囲だけ異様に人口密集度の高いエリアとなり、ワイワイと銘々で勝手に盛り上がり始めるというカオスな状況に。※カラオケをうまく唄うコツやら自宅で作れるフィリピン料理の話やら、さまざまな話が日本語とタガログ語のちゃんぽんでテーブル上を飛び交い、なんだかママ

※教会に行き、祈りを捧げている
フィリピンは実はクリスチャンが多いお国柄で、日本にいるフィリピーナでも「日曜日は教会」という人は決して珍しくはないらしい。ミャンマーやインドの項でも触れたが、教会が一種の社交場として機能しており、知らない人だらけの異国ではコミュニティを形成しやすい場になっているのだろう。

※カラオケをうまく唄うコツ
唄う前に舌を「ルルルルルルルルル」と震わせるといい……らしい。

さんサークルの打ち上げに放り込まれたような感覚に……不思議と居心地がいいのは、退廃感あふれるムードと酒のマッチングによるものだろうか。

ところで、なぜこんな早朝から店を開けているのかというと、早朝野球が要因のひとつだという。以前は早朝野球後に常連客の集団が店で打ち上げ※、という流れがあったようで、いわば客のニーズに応える形ではじまったシステムといえる。それにしても早朝野球がピンパブの営業時間に影響を与えるとは……世の中どこにビジネスチャンスが転がっているかわからない。

ちびちびと水割りを飲みつつ、こんな時間から飲んでいる人がいるんですねえ、と水を向けると、やはりほとんどは常連客で、日によっては結構席が埋まるんだそうな。中には「ソファーで寝ちゃう（笑）」人も少なくないとかで、だったら家に帰ればいいのに……と思ってしまうが、ま、人それぞれ、いろいろな事情があるのかもしれない。

ひとしきり唄って飲んで盛り上がったところで再訪を約束して店を出る。竹ノ塚といえば夜の街と相場が決まってはいるが、朝は朝で「ならでは」な楽しみ方ができたりもする。夜の顔に飽きたら、帰宅する時間を遅らせて「裏の顔」を覗いてみるのも面白いだろう。

※早朝野球後に常連客の集団が店で打ち上げ
足立区は草野球を楽しむにはいい環境で、区内には保木間公園野球場（竹ノ塚）をはじめ、10を超える野球場がある。それにしても早朝野球とフィリピンパブ、渋い組み合わせだ。

フィリピーナが集う超穴場レストラン

【土日は本格的なフィリピン料理バイキングを開催】

タイ料理やベトナム料理などと比べると、日本では不思議とまだあまりよく知られていないフィリピン料理。実は竹ノ塚界隈でもなぜかフィリピン料理店は数えるほどしかなく、「リトル・マニラ」と呼ぶには少々寂しい現状ではあるのだが、現在営業している店はいずれも個性的で、そんな状態も気にならないほどのパワーに溢れていたりする。

そんな一軒が、駅から徒歩15分、もはや竹ノ塚エリアと呼んでいいかどうかもわからないぐらい駅から遠すぎる立地だが、地元民の憩いスポット・元渕江公園の裏側の住宅街にポツンと佇む、在日フィリピーナ御用達のディープなフィリピン料理店※「ニューハングリー」だ。

●土日は本格フィリピン料理バイキング

買い物がてらちょっと立ち寄ってみました、という気軽なノリでは到底辿りつけない距離を延々と歩き、ようやく見つけた店のドアを開けると、まず耳に飛び込んでくるのはお客同士の賑やかな会話と笑い声。見ると、店の大テーブルでは地元民と思しきフィリピン人女性たちが七〜八人、焼酎やビールを並べつつ、思い思いに故郷のフィリピン料理をつつきながら盛り上

※ニューハングリー
【住所】東京都足立区保木間2-21-1
【営業日】火曜定休
【営業時間】12〜17時／19時〜25時（月〜金）、12時〜26時（土日）

ニューハングリー

どれだけ盛っても1000円。当然、お替わりも自由。

がっている。その圧倒的なテンションに気圧されながらも席を確保し改めて店内を見渡すと、キッチン前のカウンターには銀色の器に盛られたカラフルな料理がズラリ。

実はここ「ニューハングリー」では、土日限定で※フィリピン料理のバイキングを開催しており、1000円払えば誰でも好きなだけフィリピン料理が食べ放題。代表的な酸っぱいスープ「シニガン」や定番の焼きそば「パンシット」、それに豚肉の煮込み料理「アドボ」まで、さまざまな味を満喫できるのである。料理はどれもオーナー兼料理人のママ、リッチさんが前日夜から仕込んだもので、「本場の家庭の味そのまま」。食べ過ぎ必至の「竹ノ塚フィリピンランチ」だ。

この日のバイキングメニューは豚肉と牛肉がゴロッと入ったスープ「シニガン」や、牛肉やジャガイモ、グリーンピースなどをトマトペーストや醤油で味付けした炒めもの、丁寧に洗った牛の腸に豚の血を入れた真っ黒な煮込み、豚の炒めもの、フライした魚など。もちろんご飯も食べ放題。パンダンリーフを入れて炊き込んで

※フィリピン料理のバイキング　おかずだけでなく、ときには珍しいフィリピンのデザートが並ぶことも。

いるためほのかに香ばしいのが嬉しい。

フィリピン料理はタイ料理などに比べると辛さは控えめで、タマリンドを多用しているため爽やかな酸味が先に立つのが特徴だ。ママさん曰く「トマトと醤油もよく使う」ようで、グルタミン酸が強めなので日本人には馴染みやすい味なのかもしれない。

それにしても、ひとりでこんなにいろいろ仕込むのは大変そうだが、聞いてみると煮込み系の料理は前の晩から丹念に煮込む必要があるので、「仕込みが本当に大変（笑）」なんだとか。それでも「遠くからわざわざ食べにくるお客さんも多いから」、週末が来るたびに今も仕込みを続けている。

オーナー兼料理人のリッチさん。8歳から台所に立っていたという。

●お店の情報は Facebook で発信

客層は、平日は日本人が6割といい、意外に日本人比率が高い。以前働いていた介護※の職場の仲間もしばしば訪れてくれるのだとか。オープンは2010年で、取材したころにめでたく丸4年を迎えた。リッチさんが日本に来たのは日本語学校に留

※介護の職場
フィリピン人女性の働き口は、聞いた限りでは介護と工場での弁当作りが圧倒的に多かった。近隣の東京都江東区には、フィリピン人が働く介護施設や食品工場が相当数あるという。

学した24年前の1990年。その後、日本人男性と結婚し、介護の現場で充実した日々を送っていた。ぼんやりと「フィリピン人が集まれる店がやりたい」と考えてはいたものの、それほど真剣に店をやる気はなかったのだが、前のオーナーであるフィリピンの友達が店を手放すことになり、「できなくても別にいいや、という気分で」家賃を相場よりかなり安く交渉してみたら、大家さんはふたつ返事でオーケー。「エーッ！　って驚きました（笑）」というママさん、敷金や礼金を交渉してもすべて言い分を呑んでくれるので、引込みがつかなくなっていよいよ開店するハメ（？）に。自身で材料を買い込んでカーテンを縫って内装を整え、平日は650円ランチ、土日は1000円バイキングを看板に掲げたフィリピン料理店がスタートした。

週末は地元のフィリピン人（と常連の日本人）がワイワイ盛り上がり、遠くから来た一見の日本人はバイキングを堪能。メディアで頻繁に紹介されるわけでもないのに、どうやって知るんだろうと思ったら、ママさんが絶えず更新しているFacebook[※]を見てくるんだとか。そういえば営業中、店内設置のカラオケで大盛り上がりの団体客の様子をアップしたり（もちろん許可済み）、普段の料理の写真をアップしたりと、情報発信に余念がなかったが、意外に強力な集客ツールとして活躍していたわけだ。

今の悩みは店が少々手狭なことだというママさん。パーティーがあっても立ち客が出てしまうため、もう少し広いテナントを探しているという。フィリピンにはもう「知り合いもいないし、店が忙しいから」帰る気はないので、賃貸ではなくローンで購入する予定なのだとか。新店舗は駅からもう少し近くするとのことなので、フィリピン料理好きには朗報でしょうか。

※ **Facebook**
リッチママのFacebookのページは以下のURLから。https://www.facebook.com/richita.razen/photos

【駅徒歩1分のディープなフィリピンスポット】
フィリピン料理&食材店「カバヤンストア」

竹ノ塚西口駅前から徒歩1分という好立地に、独特のオーラ全開の、なんとも怪しげな雰囲気を漂わせた建物が一軒佇んでいる。道行く人の視線から身を守っているかのように、ピッチリと閉ざされたドアに、何の店なのか遠目からではわからない無機質な外見のデザイン。知っている人でなければ（そしてよほどの物好きでなければ）、よくよく近づいて注意深く観察してみない限り、入り口のドアを開けてみようとは思わないだろう。銀色のドアからはまったく内部を窺い知ることはできず、それはまるで客を拒んでいるかのようにすら見える。

だが、入り口付近に貼られているチラシやビラをよく観察してみると、どうやらここが※フィリピン食材店であることがわかる。細いドアを開け、おそるおそる中に入ってみると、そこには狭いながらも数々の食材や飲み物がビッシリ並べられており、当初の不安は興奮に早変わり。フィリピン料理で素材としてよく使われるティラピアや、※バロットなどを売っていたり、奥の厨房前のカウンターでは軽食（もちろんフィリピン料理）を販売していたりして、狭いながらも見どころ満載、充実のフィリピンワールドである。

※カバヤン（カバヤンストア）
【住所】東京都足立区西竹の塚2・1・29
【営業日】不定休
【営業時間】11時〜24時

※バロット
孵化直前のアヒルの卵。殻をあけ、ヒナになりかけの状態を食べる。フィリピンやカンボジアなど、東南アジアでは比較的ポピュラーな軽食。

カバヤンストアの外観。右が食材店、左がレストランになっている。

●本場のフィリピン料理を堪能

せっかくなのでとバロットを買い、お店のフィリピン人スタッフと話していると、なんでも隣にレストランが併設されていて、本場のフィリピン料理が味わえるという。隣を覗いてみると、テーブルが数卓置かれた店内は、予想以上に広々として清潔な造り。外からはまるで見えなかった内部にこんな空間が広がっていたとは！ 外界からの入場を拒絶するような入口の銀色の扉は、あるいは未知なる世界を体験する資格を問う「試しの門」なのかもしれない……というのはいささかオーバーか。

席に着いてメニューを広げると、料理名はすべて英語という徹底した現地感。ここは日本の中にあって日本ではない、フィリピン人のための食堂なのだ。

さて、写真と単語からなんとなく内容を想像しつつ、料理※を注文してみよう。この日頼んだ料理はカレカレ、シニガンスープ、アドボなど。カレカレとはピーナッツを加えたソースでハチノスなどの牛モツと野菜を煮込んだもので、赤い見た目とは裏腹に甘味が強く意外にマイルド。ピーナッツの味がはっきりと主張しているのも

※料理を注文
料理は概ね1500円から2000円程度。一皿が二〜三人前はあろうかというボリュームなので複数での利用がオススメ。

ピーナッツの香り絶品の定番料理カレカレ（左）、ツヤツヤのソースが食欲をそそるアドボ（右）

経験したことがない味で面白い。

シニガン[※]は魚、大根、えんどう豆、ナスなどが入ったスープで、こちらも見た目こそ赤いものの辛さより酸味が際立っているのが特徴だ。酸味のもとはタマリンドだろうか。明らかに三、四人前はあろうかというボリュームで、魚が丸々一匹入っているので鍋をすくうと頭がごろんと出てきたりして食べる者に強烈なインパクトを与えてくれる。

アドボは酢や醤油を使った煮込み料理で、大きくカットした豚肉やタマネギなどがコクのあるツヤツヤと光るソースと絡んで、なんとも食欲をそそるビジュアル。

料理はどれもクオリティが高く、フィリピン料理初体験でも問題なく完食できるはず。フィリピン料理というと、日本ではタイ料理やベトナム料理に比べるとややマイナーな部類に属するが、クセがなく辛さも控えめだし、醤油を使う料理も多いので、日本人には結構幅広く好まれるジャンルなのではないかという気がする。日本におけるフィリピンの食べ物といえばハロハロが有名だが、決してそれだけではないのだ。

※シニガン
シニガンやアドボはフィリピンの代表的な料理。とくにアドボはピンパブ嬢たちがみな得意料理に挙げるほど。いわばフィリピンのソールフードである。

シニガン

【住宅街のなかにあるサリサリストア】

フィリピン雑貨「ディヴィゾリア」

竹ノ塚はフィリピン人の多く居住する、リトル・マニラだ。……とはいえ、そのメインは乱立するフィリピンパブで、池袋や新大久保のように母国の食べ物を提供するレストランやスーパーなどはほとんどない。駅前のカバヤンを除けば、実際は東京のどこにでもある住宅街だ。だが、外国人が集まる土地には、そのニーズを満たす店が存在するもの。当然、ここ竹ノ塚にもフィリピン人女性の生活ニーズを満たす店が少数なれど、ひっそりと存在するのである。

●フィリピン人客率１００%の店

竹ノ塚駅前から元渕江公園方面に大通りを歩くこと10分弱。

事前にフィリピンパブのお姉さんから聞いていた通りに、ロイヤルホストの前の路地を右手に入り、なんの変哲もないフツーの道をトコトコ歩いていくと、あったあった、ありました。

住宅街に突如現る赤白青のフィリピン国旗。店名らしき英語の下に、小さく「PHILIPPINES」の文字……。この店こそがフィリピン人客率１００%という驚異の客層を誇るサリサリストア※、「ディヴィゾリア（Divisoria）」である。

※サリサリストア
タガログ語で「なんでも屋」の意味。

おそるおそるドアを開けて中に入ると、狭い店内にはギッシリ詰め込まれた食品や雑貨の数々。缶詰や調味料、化粧品類、乾燥麺、お菓子などが棚にズラリと並べられ、天井からはドレスやジーンズなどの衣類までもが隙間を埋めるように吊るされている。ドレスは当然、フィリピンパブで働く女性のニーズを見込んだもの。冷蔵庫には加工された魚や肉が敷き詰められ、国際電話用のテレフォンカードまで用意されている。

なんとも「サリサリストア」らしい品揃えだが、これらはほとんどすべて、店主の渡辺さんがフィリピンで直接買い付けてきたモノだそうな。

中央の棚にはフィリピンの雑貨や食材がビッチリ詰め込まれている

●最盛期にはドレスが飛ぶように売れた

お店のオープンは10年前。定年退職し、ヒマを持て余していた渡辺さんをみて、フィリピンで日本の商品を扱うスーパーを経営していた息子さんが「やってみたら?」と提案したのがきっかけだ。

開業当時は店舗を構えず、車で都内のフィリピンパブなどを巡って移動販売をしていたが、一年ほどで竹ノ塚近くの島根※に店を構えて店舗販売にシフト。

※ディヴィゾリア
【住所】東京都足立区竹の塚3-20-9
【営業日】無休
【営業時間】12時～20時

ディヴィゾリア

※島根
竹ノ塚駅の南に位置する地区。ビートたけしの出身地としても知られる。

その後、フィリピンパブの多い竹ノ塚に移り、現在に至っている。

店を訪れる客はほとんどというか、ほぼ100％フィリピン人女性。なにしろ、このネット全盛の時代にあって、いくらグーグルで検索しようが※ロクな情報がぜんぜん出てこないのだから、当然「日本人はまったく来ないですねえ（笑）」。ということで、訪れるのは口コミで知ったフィリピン人女性ばかり。こうして知る人ぞ知る、ディープなフィリピン雑貨屋が誕生したわけだ。

取材中もフィリピン人のお客さんが入れ替わりで来店するなど地元民の支持率の高さが伺えるが、それでも興行ビザで来日する、いわゆる「タレント」がまだいたころは、もっと「びっくりするほど」の繁盛ぶりだったとか。

「あのころは客が絶えなかったので朝7時まで店を開けていましたねえ（笑）。フィリピンの女の子のバイトを二人雇って、交替で店番していましたから。フィリピンパブで着る用のドレスも3カ月で100枚売り切れちゃって、またフィリピンに行って100枚買ってきて……とか」

なんとも景気のいいお話である。今はさすがにそうした好景気に沸くことはないけれど、店は「身体が動かなくなるまでやる」とまだまだ意気軒昂だ。

今でも3カ月に一度、フィリピンに買い付けにいくという渡辺さん。一見話しかけ難い雰囲気だが、ひとたび会話が始まれば次から次へと面白くディープなフィリピン事情なども話してくれるので、たまにはフィリピンパブに突撃する前にでもちょっと寄り道して、買い物がてらフィリピン話に花を咲かせてみてはどうでしょう。

※ロクな情報がぜんぜん出てこない
インターネットでお店の名前を検索すると、出てくるのはフィリピン・マニラ市にある「Divisoria」という地区ばかり。この地区はフィリピン随一のマーケットだそうで、お店の名前もそこからとったのかもしれない。

【番外編1】

辺境のリトルサイゴン～横浜市「いちょう団地」

いちょう団地 周辺地図

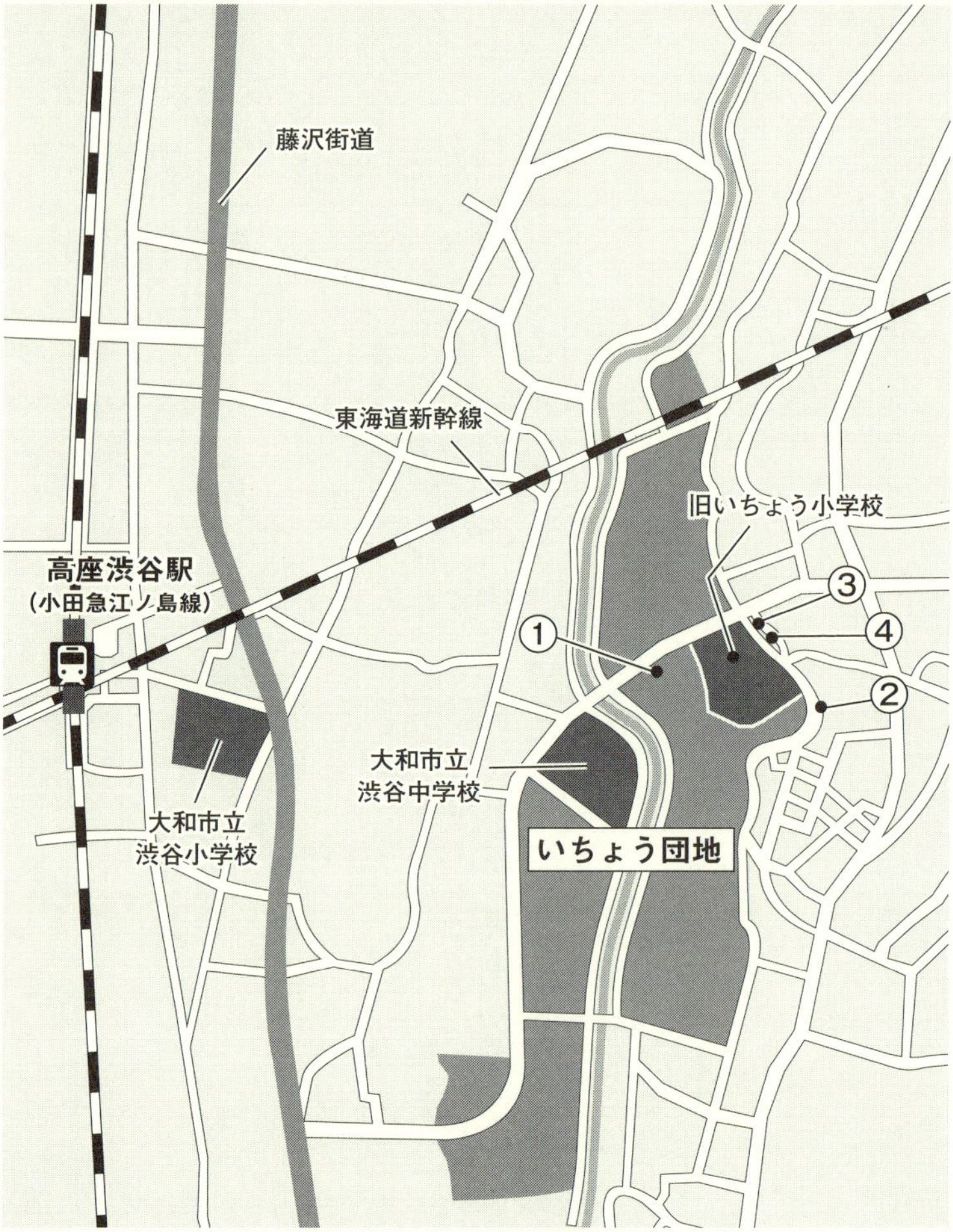

①商店街の中の東南アジア食材店「シーワント」(→ 204 ページ)

②ディープなベトナム料理を味わえるレストラン(→ 205 ページ)

③名物は焼きアヒル、ベトナム食材店「金福」(→ 207 ページ)

④近隣のベトナム人に愛される、老舗ベトナム料理店「サイゴン」(→ 209 ページ)

これまでにタイ、ミャンマー、インド、中国、韓国、フィリピンと東南アジア各国のアジア人街を周ってきたが、振り返ってみて、ふと「ある疑問」が頭をもたげた。

そう、「ベトナムがない」のである。

日本人にとって、タイと並ぶ人気を誇るメジャーな観光地であり、都内にも多くの専門の料理店が存在しているベトナムだが、ベトナム人が集まる「ベトナム人街」の存在はこれまで耳にしたことがないし、いざ探してみてもなかなか有力な情報は入ってこない。ベトナム料理店で尋ねてみても、知り合いのベトナム人に聞いてみても、みな「さあ……」と一様に首をひねるばかりで、ピントの合う回答は結局得ることができなかった。関東には「リトル・サイゴン」はないのだろうか？

だが、日本におけるベトナム人在住者の数は決して少なくはない。

法務省の在留外国人統計※（2012年12月）によると、日本にいる在留ベトナム人数は、5万2364人。都道府県別に見てみると、最もベトナム人が多いのは意外にも神奈川県で、その数6376人。東京都を2000人以上も上回っている。そして、神奈川県の中でももっとも外国人登録者数が多いのが横浜市。ということはつまり、いまベトナム人街を探すなら「東京より横浜」――ということになるのかもしれない。

●横浜にあったリトル・サイゴン

よく晴れた3月の日曜の昼、新宿から小田急線に乗り、大和で乗り換え最寄りの高座渋谷

※**法務省の在留外国人統計**　2013年12月末のデータでは、在留ベトナム人の数が7万2238人にまで増加。都道府県別の在留ベトナム人数では、東京都が神奈川県を逆転している。

駅へ。駅前のコンビニで店員に道を聞き、駅を背に、教わったばかりの道順を歩く。人はあまり歩いておらず、すれ違う人といえばお年寄りばかり。途中に2つの老人福祉施設と病院があるせいだろうか。

病院の前を通り抜け、人気のまったくない薄暗い森林の坂道を歩いていくと、坂を下りきったところで突然視界が開け、休耕中の田んぼが目に飛び込んでくる。その先に見えるのは整然と並ぶ県営住宅の一群。近づいて建物を眺めると、壁にはシンボルマークのいちょうのイラストが描かれている……。どうやら、ここがベトナム人が数多く居住するという関東のリトル・サイゴン、「いちょう団地」※のようだ。

横浜市全体でのベトナム人登録者数は1895人。そのうちの約4割にあたる729人がいちょう団地のある横浜市泉区に集中している。

いちょう団地は休日でもあまり人影がなく、思いのほか静か。

同区のホームページによれば、現在、団地内には12カ国、530世帯を超える外国籍の住民が生活しているという。ベトナム人はもちろん、カンボジア人や中国人、ラオス人……東南アジア系が中心だが、ペルーやブラジル出身者もいる。※さまざまな人種が、極東の島国の一都市

※いちょう団地
神奈川県横浜市泉区と神奈川県大和市の境目にある県営団地。総面積は、約27万平方メートル（東京ドーム6個分）。小田急江ノ島線高座渋谷駅から徒歩15分程度。

の片隅で共生しているのだ。

　いちょう団地連合自治会によると、「県営いちょう団地」は約40年前の１９７１年から入居が始まった。居住している外国人の多くは中国残留孤児やインドシナ難民だ。その背景には、

いちょう団地は神奈川県最大の県営住宅。総戸数は 3500 戸を超える。

近隣の大和市にある「大和定住促進センター」の影響がある。政府が難民支援を本格化し、委託された財団が難民事業本部を設置した流れで、１９８０年、大和市に※インドシナ難民のために日本語教育や職業の斡旋などを行う定住促進センターが開設された。

　その後、難民定住者は増加の一途をたどり、90年代には多くの難民がいちょう団地に定住することとなった――という。余談だが、いちょう団地における高齢者を含む世帯の割合は、全体の約80％に及ぶ。近隣外国人も多いが、お年寄りも多い団地なのだ。近隣に老人福祉施設や病院が点在しているのは、なるほどそういう事情だったわけだ。

●団地脇の東南アジア食材店「シーワント」

　さて、それでは早速団地周辺を歩いてみよう。団

※さまざまな人種
住民の中には日本語を充分に理解しない人もいるため、いちょう団地内の標識は多言語で書かれている。

6つの言語で書かれた標識

※インドシナ難民
ベトナム・ラオス・カンボジアが社会主義国に移行した際に第三国に亡命した難民。

アジア食材店「シーワント」。商店街の中でも異彩を放つ商品群が店頭に並ぶ。

地脇の通りを中央に向かって歩いていくと、数十メートル先になにやら古ぼけた商店街※が現れる。

近寄って店先ののぼりを眺めてみると、それらのうちのひとつになぜかアンコールワット※のイラスト……店頭の看板を見上げると、ここにもしっかりアンコールワットのオブジェが装着されている。これはもしや、と期待に胸膨らませながら入店すると、多種多様のハーブや独特のカラフルなデザインの調味料群が。間違いない、東南アジア食材店だ。

ここ「シーワント※」はカンボジア出身のご主人が経営する東南アジア食材店。ハーブはパクチーやガパオなどがどれもたっぷり入って一袋150円と圧巻のコストパフォーマンス。ご主人にお話を伺うと、冬の間はこうしたハーブは九州から仕入れているが、「夏になるとこのあたりで栽培しているのを仕入れるから、もっと量が多い」んだとか。うーん、ご近所の人が羨ましいです。立地的に、ほとんどが常連客のため、値付けを高くすると誰も買ってくれないわけで、「常連客を大切に商売していた結果」そうなってしまったらしい。自分も思わずガパオを2袋買ってしまいました。

※古ぼけた商店街
正式名称は「いちょうマート」という。

※アンコールワット
カンボジア・シェムリアップにある最も有名な寺院建築。カンボジア観光の目玉として知られている。

※シーワント
【住所】神奈川県横浜市泉区上飯田町2670 いちょう団地32棟1階
【営業日】無休
【営業時間】9～19時

●食堂兼スーパーで味わう「クサい麺」

団地内を歩いていると、怪しい建物に遭遇。「ベトナム料理」とあるが…。

買ったガパオの袋を片手に、団地内の歩道を奥へ向かってぶらぶら進む。しばらく歩くと、前方の角に店なのか倉庫なのか判断のつかない建物が見えてきた。訝しげにドアを見るとそこには「ベトナム料理」の文字。おお、ベトナム料理店だ。

　しかし、ドアが簡素過ぎて、果たしてこれが入り口なのか確信がもてない。しばし逡巡したのち、思いきってドアを開けるも一向に反応がない。とりあえず入ってみるとベトナム人だろうか、食事中のお客が一組と、店内を物色する買い物客が数人。……ん、買い物客？　実はここ、簡素な外観とは裏腹に、内部には食材がズラリと並べられ、中央に食事用のテーブルがあるという「食堂兼スーパー」なのであった。

　席についてメニューを開くと、ゴイクン※やフォーなどの定番はもちろん、一度も聞いたことのない料理もちらほら。ふむふむ、とメニューをパラパラめくっていると、その中のひとつに「クサイです」と

※ゴイクン
ベトナム風生春巻きのこと。

食事用のテーブルの周りには、アジア食材がびっしり

書かれた料理を発見。「ブン・マム」という麺料理で、「ブン」という米粉が原料の白くもちもちした麺を、魚を発酵させた調味料で味付けしたスープに入れた料理だという。

発酵系の料理には目がないので、迷わずこれを注文……しようとすると、なぜかホールのベトナム人のおばちゃんは一向に取り合ってくれない。なんでも「日本人で今までにこれを食べられた人はいない」からだそうな。しつこく食い下がってようやくお許し（？）が出たが、それでも「ダメだったら別の料理を作ってあげるから」と早くも事後処理を考えているようすで、こちらのプレッシャーは増すばかりである。ま、こちらも保険で揚げ春巻きも頼んでいたので大きなことは言えませんが。

数分後、目の前に置かれた「ブン・マム」は、丼を顔に近づけるとハッキリとした発酵臭が感じられ、確かにクサイ。[※]もしかするとこの臭いを喜べるかどうかが、東南アジアにハマるかどうかを左右する分かれ道なのかもしれない。スープは甘みが強く、しっかりとしたコクがある。爽やかなハーブの香りも感じられ、慣れれば病

※確かにクサイ
あえて例えるなら、夏場に腐った魚を数時間放置したときの臭いだろうか。

みつきになりそうな味だ。麺の上に載せるシャキシャキした歯応えの大盛り野菜も嬉しい。

結局、丼の底が見えるまでスープも美味しくいただいて、めでたく「日本人第一号」の名誉（？）も獲得。遠くから不安気に見つめていたおばちゃんたちも完食するとニコニコと嬉しそうで、なんだかとても良いことをした気分である。

ブン・マム（600円）。一見よくあるスープ麺だが臭いが強烈。

料理を作ってくれたベトナム人のママはいちょう団地に住んでもう20年。ママ曰く「このあたりに住んでいるのはみんなビンボウ」で、家賃は高くても2万5000円程度、なかには7000円という人もいるという。安価な値段設定[※]はそうした事情から来るものだそうだが、それでも高いと感じる人もいて、「家で自分で作って食べちゃう」んだとか。「ベトナムのママはみんな料理が上手。私より美味しく作るひともたくさんいますよ」と謙遜していたが、いえいえ、こちらも大変美味しかったです。

●名物は焼きアヒル、ベトナム食材店「金福」

再訪を約束して店を出て、ふたたび通りを奥に向かって進んでみる。少し先にもう一軒、この辺りで

※安価な値段設定
この店の料理はどれも600円程度とコストパフォーマンスが抜群。しかし、近年の不景気の波はこのエリアにも例外なく押し寄せており、お店の景気は決していいとは言えないという。高齢化が進むいちょう団地では、ベトナム料理のような若者がメインターゲットになるジャンルは客を掴みづらいのだ。吉祥寺あたりにあれば繁盛店だったかもしれないのに……と思うと、通りすがりの一見客とはいえ少し残念な気持ちにもなる。

いちょう団地脇の飲食店が連なる通り

人気のベトナム料理屋があると聞いたからである。道すがら、通りで遊ぶ子どもらを見かけたが、みんなパッとした目鼻立ちで、ひと目でわかる東南アジア系だ。団地内の小学校※の生徒は半数以上が外国籍というから、このあたりでは普通の光景なのだろう。

数分歩くと、飲食店の連なる一角が見えてきた。カラオケスナックや延辺料理屋と並んで、漢字で「金福」※と書かれた看板が目に入る。店名が漢字だから中華食材店かと思ったが、ここは「リトル・サイゴン」、いちょう団地。もしかして、と入り口から店内を覗いてみると、大当たり！　ベトナム食材店でした。「金福」というのはこの店のオーナーであるベトナム出身のママの名前で、漢字に充てたものだとか。

この店のオープンは2000年ごろ。毎週末に金福ママが自ら焼くアヒル※が名物で、土日は早い時間からこのアヒルを買いに常連客が訪れるという。代々木公園で開催されるベトナムフェスティバルにも参加しており、しばしばメディアも取材にくるという、近隣のベトナムファンの間ではわりに知られた存在であるようだ。

※**団地内の小学校**
横浜市立いちょう小学校。全校生徒の7割が外国人という多国籍な学校だったが、日本人生徒の数が減ったため、2014年3月に閉校。4月から近隣の飯田北小学校に統合された。

※**金福**
【住所】神奈川県横浜市泉区上飯田町3173
【営業日】無休
【営業時間】10時半～20時半

金福

※**こんがり焼かれたアヒル**
値段は1キロあたり2500円程度とのこと。

この日も常連客と思しき若い日本人の女の子がカウンターで金福ママと談笑していた。よく来るんですか、と尋ねると、このあたりにはしょっちゅう遊びに来ているのだそうで、ベトナムフェスでは「金福」のスタッフとして働いたこともあるという。

食材や雑貨が所狭しと並ぶ「金福」。店名は漢字だが、ベトナム食材店だ。

店の向かいにある小学校の広場では、毎年10月に外国人住民が参加するイベントを行うという。「みんなで出店をやったりするの。私もアオババ※を着て売り子をやるわ」とママ。多文化が共生するこの団地ならではのイベントだ。

●老舗ベトナム料理店「サイゴン」

さて、金福を出て、最後はすぐ隣にある「サイゴン」※へ。このエリアでは老舗のベトナム料理店で、近隣に住む多くのベトナム人から人気の店だという。この日も、日曜日の夕方と、飲食店にとっては微妙な時間帯に訪れたにも関わらず、店内はビールを飲むベトナム人客で賑わっていた。

とりあえずお店の人気メニューということで、牛肉のフォーを注文。ほどなく運ばれてきた丼は二人

金福の名物「アヒル」

※アオババ
ベトナムの民族衣装。アオザイより丈が短い。

※サイゴン
【住所】神奈川県横浜市泉区上飯田町3173（金福と同じ）
【営業日】無休
【営業時間】11～22時半

サイゴン

ベトナム人率の高い店内（左）と牛肉のフォー（850円）、ハーブも山盛り！（右）

前はありそうなボリュームだ。あっさりした味付けだが、スープはしっかりした旨味が感じられる。別皿に盛られた大盛りの生野菜とハーブも歯応えがよく、いいアクセントだ。この日食べたフォーにもパクチー、サラネー（ミント）、バイ・ホーラパー（スイートバジル）、パクチーファラン（パクチーの一種）などさまざまなハーブが使われていた。これだけ多様なハーブを惜しまず使えるのも、豊富な食材を安価かつ容易に入手できる土地柄の恩恵か。

　お店のオープンは14年前。ベトナム人が多く居住するエリアで商売する以上、現地の味で勝負するのは必然だったようだ。「このあたりにはベトナム人が多く住んでいるから、うちでは※ベトナムの味そのままで出しています」と店長。たしかに店内を見渡してみると、ほとんどがベトナム人だ。平日は日本人客も多く訪れるというが、週末の店内は見事に「現地の食堂」である。頭上を飛び交うベトナム語をBGMに現地の雰囲気と味を堪能していると、気分は完全にベトナム。日本のベトナムは、高座渋谷という街の外れに、ひっそりと広がっていたのだ。

※ベトナムの味そのまま
ちなみに、「サイゴン」の他の人気メニューはバインセオ（ベトナム風お好み焼き）や揚げ春巻き、蒸しビーフン、豚肉の風味焼きなどだそう。

【番外編2】

ニッポンのブラジル～群馬県邑楽郡大泉町

大泉町 周辺地図

①ブラジル系の店舗が集まる「ブラジリアンプラザ」（→216ページ）
②ブラジルスーパー兼レストラン「ショップスター」（→216ページ）
③ビュッフェスタイルのブラジル料理点「PAULO'S RISTORANT」（→218ページ）
④巨大なブラジル系スーパー「TAKARA」（「ロデイオ・グリル」）（→220ページ）
⑤この辺りにブラジリアン・バーあり（→221ページ）
⑥シュラスコの名店あり　⑦『孤独のグルメ』で紹介されたブラジルレストラン

　群馬県が「ブラジルタウン化」していることは、もはや今日では多くの人の知るところだろう。メディアでも少なからず取り上げられているし、なによりその町自体が町おこしの一環として「ブラジルタウン」ぶりをアピールしているのだから、これはもうわざわざ発掘するまでもない。自他共に認める、どこに出しても恥ずかしくない正真正銘のブラジルタウンである。

　なので、本書でいま取り上げることに正直若干の抵抗がないことはなかったが（おまけに東京でもアジアでもないし）、やはりこれだけ異国に特化した町の存在を無視するわけにはいかない。なにしろ「群馬」で「ブラジル」である。サッカーともサンバともコーヒー豆とも無縁の群馬という都市で、いったいなぜ「ブラジル化」が進んだのか。そして、はたして今も「ブラジルタウン」は成り立っているのだろうか。

●工業タウンにあるブラジル人街

　群馬県にはふたつのブラジルタウンがあると言われている。ひとつが群馬県南東部に位置する太田市、そしてもうひとつが太田市と隣接する、これから訪れる邑楽郡《おうらぐん》の大泉町である。

　これらの地域に共通する特徴としては、北関東屈指の工業タウン※ということだ。そしてこれは「ブラジルタウン」の成り立ちと無縁ではない。大泉町の観光協会によると、そもそもブラジルタウンの発端は労働力不足の解消にあったという。つまり労働力としての日系ブラジル人の受け入れだ。具体的な流れとしては、労働力不足が取り沙汰されていた1990年当時、出入国管理法が改正されたことで在留資格が再編され、日系人のビザ取得が容易になった。この

※北関東屈指の工業タウン
特に多いのは自動車関係の金属製品やプラスチック製品関係の工場。

「ブラジルタウン」の玄関口となる、東武鉄道小泉線の「西小泉駅」。駅前にはコンビニなどはなく、店は少ない。

結果、日本へ出稼ぎ目的で訪れる日系ブラジル人が飛躍的に増加。企業城下町である大泉町が工場での労働力として日系ブラジル人やペルー人を積極的に受け入れたことで、徐々に「ブラジル人によるブラジル人の町」が形成されていったという。

以上がごく簡単な「ブラジルタウン」化のアウトラインだ。あとは直接現地に行って確かめてみるしかない。

●いざ、ブラジルタウンへ

新宿を出発して埼京線や宇都宮線、ワンマン車を乗り継いで約2時間半。気持よく晴れた3月の昼下がりにブラジルタウンの玄関口となる西小泉駅前に降り立った。簡素な改札を抜けると、目の前には「ようこそ日本のブラジル大泉へ！」の横断幕※と、アルファベット併記の切符売り場。これまでの町では見られなかった光景である。

撮影もそこそこに、足早に駅構内を抜けて町へ出る。製造業が主要産業とはいえ、ここは噂に名高いブラジルタウン。行政の後押しも受けている堂々たる観光地である。はたして駅前の

※横断幕
「大泉町へようこそ！　ブラジルを楽しもう」とある。

駅出口の横断幕

活況ぶりはいかに、と期待に胸躍らせて駅舎を飛び出ると……なんというか、非常にのどかである。目に映る建物は総じて低く、駅前でも視界が広い。小さなロータリーには客待ちのタクシーが1台停車しているのみで、同じ電車に乗ってきた客が去るとあたりは閑散として人影もまばら。観光客の姿も見当たらない。休日の観光地とは思えない、なんとも牧歌的な光景である。

大泉町のようす。往来は人影はまばらで、車の交通量が多い。

　気を取り直して、とりあえず駅前をぶらぶら歩いていると、さっそくそれらしき食材店が目に入った。入ってみると案の定ブラジル食材店で、店内は狭いながらも商品がぎっしり詰め込まれ、特にお菓子類※は充実のラインアップである。お菓子以外では唐辛子ペーストや調味料、それに冷凍肉やソーセージなども扱っている。店員のブラジル人女性に聞いてみると、お客はほとんどがブラジル人やペルー人で、日本人客はほとんど来ないのだとか。

　ブラジルの子どもに人気というマシュマロやココナッツケーキを数点買い、近辺の情報を収集して店を出る。西小泉駅やブラジル系の店で貰えるガイドマップを広げると、大泉町のブラジル人エリアは駅

※お菓子類は充実のラインナップ
ブラジルではココナッツを使ったお菓子が日常的に食べられているそうで、ここでもやはりココナッツケーキやチョコがよく売れるという。ココナッツというと東南アジアのイメージだが、地球の裏側でもせっせと消費されているのだ。

東側エリアにある「ブラジリアンプラザ」

から西側に集中していることがわかる。

もっとも、以前はブラジル系の店舗やレストランが集まる「ブラジリアンプラザ」※という2階建てのショッピングセンターが栄えていたため、東側も地元民はもちろん、観光客にとっても見逃せないブラジルエリアだったのだが、現在、同ショッピングセンターの2階部分は閉鎖されており、取材で訪れたこの日も人影はまばら。わずかに1階の数店舗のみが営業している状態で、かつて活況を呈していたというその面影はほとんど残っていなかった。

●街の中心は西側エリア

さて、駅を背に、目の前の国道を西エリアへ向かって進むと、交差点の先にキャッチーなポルトガル語のポップが踊る、カラフルな看板が見えてくる。店頭にはシュラスコ（ブラジルの焼いた肉料理）やハンバーガーの写真。店内に足を踏み入れると、巨大な棚にはズラリと見たことのない食品や日用品の数々が並んでいる。店の奥には食事用の椅子やテーブルというレイアウト。ここ「ショップスター」※はブラジル系スーパーである

※ブラジリアンプラザ
【住所】群馬県邑楽郡大泉町西小泉4・11・22
【営業日】月曜定休
【営業時間】10～20時

と同時に、ブラジル料理レストランでもあったのだ。

昼食がまだだったので、さっそく席に着いて料理を注文してみる。東南アジアの料理に慣れた身にとっては見たことのないメニュー※ばかりで、味の見当がつかないまま料理を待つ感覚は久々でなんだか新鮮だ。

チーズやハム、ひき肉、卵などを包んだブラジルの軽食「パステル」（390円）

頼んだのは「パステル」というブラジルの揚げパイのような料理とブラジルコーヒー。チーズやハム、ひき肉、卵、オリーブなどを中に詰めて揚げたもので、空気が含まれているので噛むとパフッという食感で面白い。かなり大きめサイズだが、油っこさもしつこさもなく具材の量もほどほどなので女性でもお菓子感覚で容易に完食できそうだ。ピリッと効いたスパイスもいいアクセントになっている。

料理の説明をしてくれた店員のブラジル人女性によると、ここ「ショップスター」が現在の場所で営業を始めたのは約4年前。以前は駅から離れた国道沿いの立地に店を構えていた。中心客はやはりブラジル人だが、ブラジルワールドカップの影響か、東京や千葉などから来る観光客も増えているとか。た

※ショップスター
【住所】群馬県邑楽郡大泉町坂田２・16・１
【営業日】月曜定休
【営業時間】９〜19時

ショップスター

※見たことのないメニュー
メニューはハンバーガーやキャッサバ芋揚げ、それにタピオカなどおやつ感覚で食べるような軽食中心で構成されているが、土日はフェイジョアーダ（豆と豚肉などを煮込んだもの）など主菜的なメニューも提供している。

「PAULO'S RISTORANT」の店内。広々とした作りだ。

だ、近年は不況の影響でブラジル人労働者たちが母※国に帰国するケースが多く、お店の景気は数年前と比べると下降しているという。

パステルを食べつつ店員のブラジル人女性にお話を伺ったところによると、日本に来たのは15年前。今では一緒に来た娘も日本で結婚し、孫もできている。「日本に来て、稼いで、いい暮らしもできました。ありがたいですね」。将来ブラジルに帰るかどうかは、今は日本での生活があるのでまだ何も考えていないという。長く住んでいる人にとって、今や大泉町は「第二のブラジル」なのである。

●ブラジル料理をビュッフェで味わう

ショップスターから大通りを挟んで反対側へ歩いていくと、路地の奥にまたまたカラフルでポップな看板が目に入る。ブラジル家庭料理の店で、店名は※「PAULO'S RISTORANT」。駐車場の面積も広く、店自体も四人掛けのテーブルが10卓ほどとなかなかゆったりした造りだ。

ランチタイムはビュッフェスタイルで、豚モモや牛バラ、チキン、ソーセージなどのシュラ

※ブラジル人労働者たちが母国に帰国
群馬県の外国人登録者数のデータによると、2010年12月末時点で1万4098人だったブラジル人登録者数は翌年の同時期には1021人減の1万3077人に、さらに翌年は1250人減の1万1827人に減少。年々ゆるやかに下降していることがわかる。天下に聞こえた群馬の「ブラジルタウン」にも、人口減という課題を突きつけられているのである。

※PAULO'S RISTORANT
【住所】群馬県邑楽郡大泉町坂田5・3・22
【営業日】月曜定休
【営業時間】11～15時／17～22時（火～土）、11～19時半（日）
【料金】週末のランチビュッフェは男性1300円、女性1000円。

スコにサラダ数種、フェイジョアーダ、※フェイジョン、ブラジル風コロッケ、魚のフライ、ご飯など多種多様な料理を好きなだけ盛ることができる。シュラスコも巨大な塊でドンと置いてあったりして、1000円そこそこのビュッフェとは思えない豪快さだ。

週末のランチビュッフェは、シュラスコなどのブラジル料理が食べ放題

わからない料理があっても、親切な店員が教えてくれるので心配は無用。この日も、見知らぬ一見客が珍しかったのか、取材の旨を告げる前から、日系ブラジル人スタッフがフェイジョアーダとフェイジョンの違いやブラジル国内の北部と南部の味付けの差などについて詳しくレクチャーしてくれた。

大泉町には他にもシュラスコを出す店がいくつかある。なかには11種類の焼き立ての肉を次々と運んでくる店もあるので、肉好きな方はいろいろな店を巡って食べ比べてみるのもいいだろう。

●巨大ブラジルスーパーに遭遇

店を出て国道をぶらぶらと西へ進む。車道は意外に交通量が多い反面、歩道を歩く人は驚くほど少ない。吹き荒ぶからっ風を正面から受けつつ歩くこと

PAULO'S RISTORANT

※フェイジョン
豆を煮た料理。ブラジルでは味噌汁のような存在だという。

数分、殺風景だった視界にとつぜん建物が密集している一角が現れる。派手な看板にポルトガル語の表示、緑色と黄色の国旗……この辺りが現在、大泉町でブラジル系の店舗が集まっているエリアだ。

観察してみると、営業しているのは女性向けの洋服店、電気関係の店、そして中でも特に目立つのが、看板に「TAKARA」※と大書きされた巨大スーパーだ。店内は広々としていて日本の一般的なスーパーと同様のレイアウトだが、陳列している商品はどれもブラジルの食品やドリンク、お菓子、そして肉、肉、肉。牛や豚、鶏を中心にさまざまな肉のさまざまな部位が「これ業務用？」と思わず呟いてしまうサイズの塊で売られている。

ところで、このスーパー「TAKARA」、実は店内にレストランが設けられていて、ここでもブラジル料理を味わうことができる。試しに店に入ってみると、陽気で親切な日系ブラジル人スタッフが案内してくれた。ここ「ロデイオ・グリル」※は移転前を含めるともう10年前から営業している老舗店で、以前は別のスーパー内で商売していたという。

メニューは食べ放題バイキングとブラジル風のハンバーガーが中心で、パステルやポテト、コロッケなどのサイドメニューも充実している。一番人気という店長お勧めの「シュラスコサンド」はたっぷりの肉にトマト、タマネギ、ピーマンなどがぎっしり詰められており食べ応え十分。一緒に提供される赤いソースを付けて食べるのも爽やかさがプラスされてお勧めだ。

「今は町全体の景気も下がっている」というが、店は昼のピークを過ぎたにも関わらず※大勢の客で賑わっており人気店ぶりをみせていた。夜はギター奏者を招いての「ボサノヴァ・ナイト」

※TAKARA
【住所】群馬県邑楽郡大泉町坂田3・12・10
【営業日】火曜定休
【営業時間】10～20時

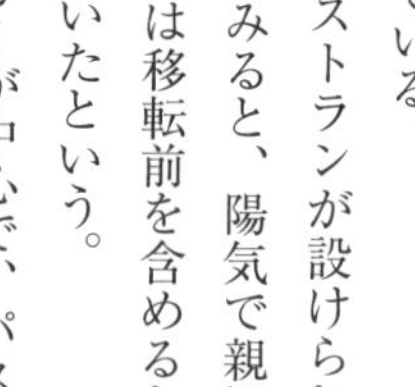

TAKARA

ロデイオ・グリル
【住所】群馬県邑楽郡大泉町坂田3・12・10 スーパーTAKARA内
【営業日】火曜定休
【営業時間】10～20時

TAKARA 内にあるロデイオ・グリルと、名物のシュラスコ・サンド（700 円）

もやっているので、ブラジルの夜に興味ある人はスーパーの閉店後に覗いてみよう。

●本場の雰囲気？　ブラジリアン・バー

あちこちの店をハシゴして腹が弾けるほどブラジル料理を食べていたら、いつの間にか日も暮れて、あたりはすっかり暗くなっている。通りからはますます人影が消え、すれ違う人もほとんどいない。行き交うものは車ばかりなり、といった風情で、なんだかあまり観光地的な雰囲気というものは感じられない。夜になると上州名物のからっ風も一層厳しく身に沁みて、一刻も早く暖かい空間に身を置きたいという思いが募る。

寒さに耐えながら酒が飲める店を探して誰もいない歩道をトボトボと歩いていると、大通り沿いのビルの２階に妖しく光るネオンが見える。看板には「ＢＡＲ」の文字とすっかりお馴染みとなったポルトガル語。え、こんなところに？と思ってしまうほど駅から離れた立地だが、間違いない。ブラジル人御用達のバーだ。

※大勢の客
ブラジル人向けのスーパーで営業しているもののお客は「ほとんどが日本人」で、最近は「ショップスター」同様、東京からの観光客も増えているとのこと。店長曰く、「今は地元のブラジル人が減っているので、日本人向けに商売しないとやっていけない」のだとか。確かに、店内を見渡してみるとお客はほとんどが日本人でした。

中が見えないため若干の不安はあるが、まだ見ぬバーへの興味が勝り思いきってドアを開けると、薄暗い店内にはカウンターにブラジル人カップルと年配の一人客。みな常連なのか、カウンター内のブラジル人店員たちとポルトガル語で冗談を飛ばしたりして楽しんでいる。一見の日本人客は珍しいのか、やや面食らった素振りを見せつつも笑顔で迎えてくれた。

ブラジルのカクテル、カイピリーニャを飲みつつカウンター越しに教えてもらった話によると、客はほとんどがブラジル人。もっとも混むのは土日で、日本では一般的には稼ぎ時とされる金曜日は特にヒマなんだとか。この日は閑散としていたが、土曜日になると席がほとんど埋まるほど賑わうそうな。

酒はカイピリーニャ[※]のようなブラジルの酒以外には、ビールやカクテル、ウィスキーなどをいろいろと用意しており、価格は500円から800円程度と一般的なバーに比べるとコスパがよく、気軽に通える設定になっている。お客は（店員も？）店内に備え付けられたカラオケセットで歌いながら酒を飲む人がほとんどで、絶えず歌声が響く店内はバーではあるもののなんだかスナック的な雰囲気だ。ブラジルの歌が基本だが、多くはないものの日本の歌も歌える仕様になっているので、酒の席には歌が欠かせないという喉自慢さんはカラオケで大いに盛り上がりましょう。

※カイピリーニャ
ブラジルの代表的なカクテル。サトウキビを原料とする蒸留酒に、ライムジュース、砂糖、砕いた氷を混ぜて作る。

【番外編3】

もうひとつのコリアンタウン〜上野・御徒町

上野・御徒町コリアンタウン 地図

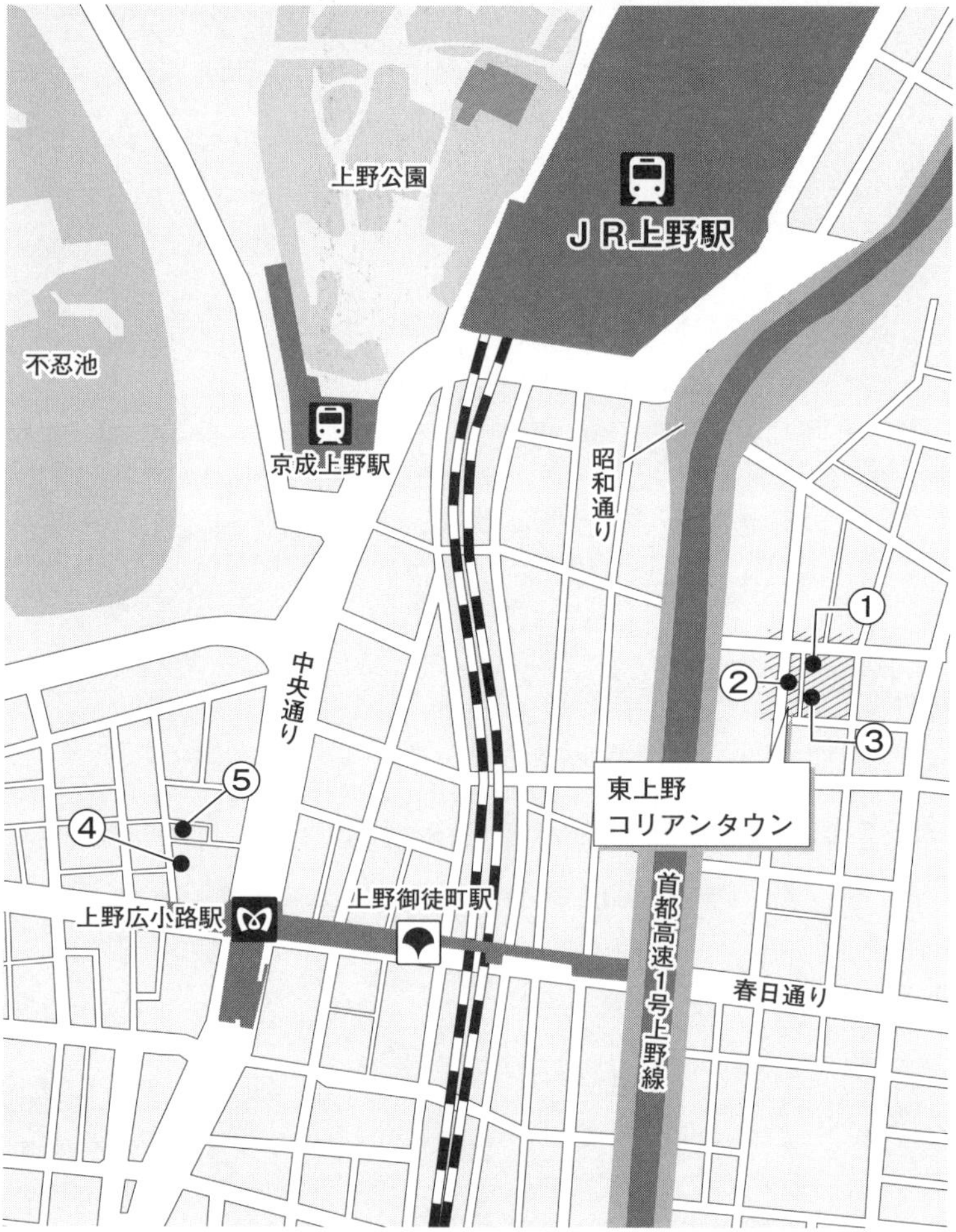

①東上野コリアンタウンの老舗、焼き肉「京城苑」(→ 227 ページ)
②定番から変わり種のキムチまで、韓国惣菜店「第一物産」(→ 228 ページ)
③お得な「マンプク定食」に大満足、焼き肉「東京苑」(→ 229 ページ)
④ボリューム満点の特大チヂミ、炭火焼肉「アレンモク」(→ 232 ページ)
⑤ユニークな商品を取り揃えた、韓国食材店「海東」(→ 233 ページ)

都内には、本書でも取り上げた新大久保を筆頭に、いくつかのコリアンタウン※が存在する。ただしそのほとんどは、ニューカマー中心の新大久保とは若干様相が異なっている。それらは、長らく日本での生活を送っているいわゆるオールドカマーによって形成された街であり、若者が多く行き交う活気にあふれた新大久保とはだいぶテンションが違う。

東京の玄関口のひとつ、JR 上野駅。コリアンタウンはその南東にある。

　そこで行われているビジネスの多くは、どちらかというと在日韓国人向けのものが多く、そのぶん相対的によりディープな現地感が醸成されている。要するに池袋がある意味、横浜中華街よりディープな中国を体現しているのと同様に、そこにはよりリアルな韓国が広がっているのである。

　新宿からＪＲを乗り継いで約20分。成田空港への起点となる京成電鉄の駅や特急の駅などが集まっている、東京の玄関口のひとつ、上野駅。買い物客や海外からの観光客でごった返すアメ横に、ファミリー客で賑わう上野動物園、有名な西郷隆盛の銅像に数々の美術館、駅ガード下には昼間から酒盛りできるせ※んべろ系の居酒屋……と、見どころ満載、遊びには

※その他の都内にあるコリアンタウン
荒川区の三河島や江東区の枝川、港区の麻布十番一帯など。

※せんべろ系の居酒屋
「せんべろ」とは「1000円でべろべろに酔える」くらい低価格な店のこと。立ち飲み屋などに多い。

東上野の通称「キムチ横丁」。焼肉店、キムチ店、精肉店などがずらりと並ぶ。

けっして困らないエリアだが、そこに少し背を向けて、昭和通りを渡ってみると、駅前の騒々しさとは無縁の独特の雰囲気を漂わせている一角がある。

一見、大手パチンコメーカーの本社ビルが点在している閑散としたビジネス街だが、通りを歩くとキムチやさまざまな部位の肉を売る店がズラリと並び、ひと一人歩くのがやっとというぐらい狭く薄暗い路地には焼肉屋が軒を連ねている。

このあたり一帯が、東上野コリアンタウン、通称「キムチ横丁」だ。都内でもっとも古い歴史をもつコリアンタウンとされており、その発生※は戦後の混乱期に焼肉店や食材店、民族衣装店が「国際親善マーケット」として現在の場所に結集したことに端を発するという。そうした背景から創業60年を数える老舗が多く、老朽化した建物が歴史の古さを雄弁に物語っている。戦後の闇市時代の残り香が漂う、独特のビジュアルと雰囲気をもったエリアなのだ。

●キムチ横丁で本場の焼き肉ランチ

※**発生は戦後の混乱期**　東上野コリアンタウンの公式サイト（http://www.u-korean.com）によると、昭和23年（1948年）頃に生まれたという。

平日の午後、ランチの時間が終わりに差し掛かり人通りの少なくなった頃合いに、「キムチ横丁」を訪れた。薄暗い路地には「東上野コリアンタウン」と記された、灯りの消えた提灯が一定間隔でぶらさがっているのが見える。両側には路地を挟むように建てられた木造の店舗が並び、そこから漂う焼肉とキムチの匂いが胃袋を刺激する。煤や汚れが染みついた年季の入った看板にガラガラ引き戸の入口、店頭に無造作に置かれた鍋やビニールシート……思わず昭和の時代から時が止まったままのような感覚に襲われる、ノスタルジック感満載の光景がそこに広がっている。

路地入り口に店を構える「京城苑」。昭和の時代から時が止まったようなビジュアルがハードルを一段と上げている。

　まずは路地の入口に店を構える焼肉店「京城苑」※へ。外観は重ねた歳月の長さがダイレクトに伝わる年季の入り具合で、多士済済のこの界隈の中でも頭ひとつ飛び抜けて異彩を放っている。

　一見客には少々ハードルが高い店構えだが、思い切ってガラガラと引き戸を開けて中に入ってみると、そこは外観とは裏腹にアットホームなおもてなし……ではなくて、眼光鋭いコワモテな店主が開口一番、「肉、焼くの？」※とお出迎え……ある

※京城苑
【住所】東京都台東区東上野2・15・7
【営業日】第2・4日曜定休
【営業時間】12～22時（ランチは～14時）

※「肉、焼くの？」
一見無愛想にみえるご主人だが、焼き肉の準備を整えながらいろいろと自慢のカルビの説明をしてくれたりこの辺り一帯の歴史を教えてくれたりと、実は意外にフレンドリー。「愛想がないって言われるけどね」とご本人は苦笑していたが、決してそんなことはないので、安心して暖簾をくぐりましょう。

意味期待を裏切らない展開だ。

ランチタイムは客が好きな肉を選び、プラス250円で定食にできるシステム※。大盛りライスとスープにキムチやナムルも付くので結構ボリュームがある。この日は1100円のカルビを選んでみた。卓上で客が自ら焼くスタイルで、昼間から、ときに炎を上げながら一心に肉を焼くのはなんとも楽しいひとときだ。「うちのは冷凍じゃなく生だから」というこだわりの黒毛和牛のカルビは柔らかく甘みがあり、文句なしのクオリティ。

ここ「京城苑」の創業は50年以上前。店主の呉原さんはニッポンのコリアンタウンの西の横綱、大阪は鶴橋※出身で在日二世。この周辺は鶴橋から来た在日二世、三世の人が多いとのことで、もしかしたらその辺りの文化観が新大久保との違いを生み出しているのかもしれない。

もう一軒、路地の店を取材する前に、腹ごなしに通り沿いのキムチ店を見て歩く。どの店も店頭にお勧めのキムチやチャンジャを陳列していて全面的に真っ赤なのがキムチ横丁的で面白い。通りにはキムチ店と並んで「肉のヤナガワ」や「上野肉店」などの精肉店も数店あり、ハチノス（牛の第二胃）を丸ごと売っていたりして見ているだけでも退屈しない。

ぶらぶら見て回っている中で、バラエティ豊かなキムチを販売しているのが目に留まった。「カレーにんにくキムチ」や「ごぼうキムチ」、トマトをキムチ漬けにした「Vegeキムチ」……試してみたい衝動がふつふつと湧いてくるラインアップである。スタッフの金さんに伺うと、ごぼうキムチはここ「第一物産」※のみのオリジナルで、白菜キムチと並ぶ人気商品とのこと。確かに歯応えあるごぼうとキムチの相性が抜群で、自分も思わず購入してしまった。個人

※定食にできるシステム
頼めば同じ値段で弁当にもできるという。近隣のビジネスマンの利用が多いようだ。

※鶴橋
大阪市生野区にあるコリアンタウン。駅前の「鶴橋商店街」は上野と同様、戦後の闇市を起源に発祥した。

※第一物産
【住所】東京都台東区東上野2-15-5
【営業日】無休
【営業時間】8～20時（平日）、8～19時（土日祝）

第一物産

キムチ店「第一物産」（左）では唐辛子は甘みのある韓国産を使用。変わり種のキムチも（右）。

的にはサラダ感覚で食べられるサッパリ味のトマトキムチも一風変わっていてお勧めです。

店長の波多野さんとスタッフの金さんにお話を伺ったところ、創業は1960年。東京で最も古くキムチを売り始めたのがこのあたり一帯だという。創業以来、16種類の材料を使うこだわりのキムチを販売し続けてきた。お店に来る客の8割は在日の韓国人だ。「白菜は国産、唐辛子は韓国産。中国産の唐辛子は安いけれど甘みがないので、必ず韓国産を使います」とのことで、その辺りが※長く支持される秘訣だろうか。

購入したキムチ袋をぶら下げて、再び裏の路地へ入っていく。どこの店もランチの時間が終わり、アイドルタイムに入っている頃合いで、通りは人影もなくひっそり静まり返っている。たまに聞こえる話し声は夜の時間帯に向けて仕込みをしている厨房のスタッフの会話のみだ。

さすがに遅すぎるかな、と思いつつも、ダメ元で路地の中程にある「東京苑」※の暖簾をくぐる。ほとんど諦めていたが、聞いてみるとランチの時間は過ぎているけれど大丈夫、と

※長く支持される秘訣
ただ、「今は若いひとたちはキムチを食べなくても平気になっていますね」と最近の傾向に若干の不安も。現在のボリュームゾーンである年配層の客足が減ったとき、どのように若年層を開拓するか。伝統食の復権は万国共通の課題なのかもしれない。

※東京苑
【住所】東京都台東区東上野2-15-7
【営業日】月曜（第一、第三）定休
【営業時間】11時半〜23時（ランチは〜15時半、肉がなくなり次第終了）

東京苑

ハラミとカルビが選べる「マンプク定食」(1150円)。分厚い肉、大盛りご飯、3種類の付け合せと看板に偽り無しの超ボリュームが嬉しい。

の嬉しい返事。わがまま言ってどうもすみません。

店内1階は小上がりにテーブルが2卓といささか狭苦しい印象だが、2階は※広々とした畳部屋で、開放的な気分になれて気持ちがいい。窓から外を覗くと狭い路地が上から眺められ、隠れ家的な雰囲気満点。窓際に座って料理を待っていると適度に涼しい風が入ってきたりして、昼間から思わずビールを頼みたくなるシチュエーションです。

こちらでは、ランチは750円から3500円までと幅広い価格帯の3種類の定食と、「マンプク」という肉の量が多い1150円のお得な定食を提供している。

肉はカルビかハラミを選択できる。運ばれてきた「マンプク定食」は肉厚のハラミが6枚乗り、みるからに満腹になれそうなボリューム。肉は芝浦の食肉市場から直送で仕入れているため、「新鮮なものが入ってくる」のだとか。ホルモンも生で仕入れているそうで、店の不動の人気メニューだ。

食事を済ませて階段を下りると、1階では※店主の福島さんがちょうど翌日の仕込みをしてい

※広々とした畳部屋
昭和な香りが漂う雰囲気満点の2階席。窓際のテーブルがお勧めだ。

風情のある2階席

※店主の福島さん
夜の営業に備え、肉を仕込む福島さん。

るところだったので少しだけ見学させてもらう。肉はなるべく厚く切り、「火が通りやすく噛み切りやすくなるように、刃をしっかり入れて下ごしらえする」のがポイントとのことです。

店は創業43年目で、福島さんの父親がやはり鶴橋出身だという。客層は常連のサラリーマン中心。男性が多いのは立地柄当然だが、2階のテーブル席では四人組の年配女性がママさんトークに花を咲かせながらホルモンをつつく姿もあったり。場所が場所なのでカップルのデート先というよりは仕事帰りのおじさんの社交場といった趣ではあるが、特に2階席なんかは夏にビール片手に肉をつつくには絶好のスポットなので、若者も乙女も気後れせずにガンガン突入していきましょう。

●もうひとつのコリアンタウンへ

日が沈み始め、そろそろ家路に向かう人も増えてきた夕方5時すぎ。東上野界隈で焼き肉とキムチを十分に堪能したあとで、キムチ横丁を出て昭和通りを渡り、JR御徒町駅方向へ向かう。昭和通りと春日通りが交差するポイントを右に曲がり、春日通り沿いを数分歩き御徒町駅前を通り過ぎると、居酒屋や飲食店のネオンが煌々と灯る路地が現れる。

どこにでもある飲み屋街のように見えるが、看板をみると「焼肉」や「韓国料理」の文字が躍る。この辺り一帯、具体的には上野御徒町駅前から不忍通りと並行して走る仲町通りまではアジア系の店が多く並ぶちょっとした無国籍地帯になっており、そしてもうひとつのコリアンタウンでもあるのだ。

黙々と肉を仕込む

上野近辺のもうひとつのコリアンタウン。焼肉屋や韓国スナックなどが集まる。

といっても、創業60年を誇る店舗がほとんどでオールドカマー中心の東上野とは異なり、※ニューカマー中心の構成。また、風俗店の集まっている場所柄、韓国スナックやパブも多く、東上野や新大久保とはまた違う怪しさを備えた独特の雰囲気を醸し出している。

さて、春日通りから路地に入り、左右に軒を連ねる店を眺めながら（そして数メートルおきに声をかけてくる客引きの勧誘を断りながら）、ぶらぶら歩いていると、豚のポップなイラストの立て看板が目に入った。店名をみると「※炭火焼肉　アレンモク」と書いてあるから焼肉屋に間違いないが、外壁には「海鮮チヂミがおいしい店」というビラが貼ってあったりして、一体どっちなんだよ、と心の中で思わずツッコミを入れてしまう。興味が湧いたので入店してみることにして、※4階建てのビルの2階に案内されると、外からはわからなかったが中は案外広く、1フロアに30人は入りそうなキャパシティである。

とりあえず着座してお勧めの海鮮チヂミを待つこと数分。目の前に置かれたチヂミは……すごくデカい。ひとりで完食できるか不安になるような大きさだ。食べてみると表面はパリっとしているがなかはふわっとしており、実に美味。具材はイカなどの海鮮類に韓国産のネギやニ

※ニューカマー中心
周辺は開業してから10年～15年程度の店が多い。

※炭火焼肉　アレンモク
【住所】東京都台東区上野2-2-8
【営業日】無休
【営業時間】16時～翌5時（平日）、16時～翌5時（土）、16～24時（日）

アレンモク

ラ。味の秘訣は韓国産のネギだそうで、「チヂミは韓国のネギでないと美味しくないので、必ず韓国産を使います」と店長の南さん。柔らかい辛味が味を引き立てるんだとか。

南さんによると、ここ「アレンモク」の創業は本館が24年前で、別館は15年前から始まった。

アレンモク名物の特大チヂミ。店長曰く「大勢でどうぞ！」とのこと。

こちらでは「95%が日本人客」といい、近隣にありながら同じコリアンタウンでも東上野界隈とはだいぶ客層が異なるのが面白い。工事中の本館は焼肉メニューを外し、焼肉は別館に任せて今後は※韓国家庭料理の専門店にする予定だそうで、こちらもリニューアルが待たれます。

チヂミで胃袋を満たしたら、最後にお土産を買って帰ろう。「アレンモク」を出て仲町通りの方向へ数メートル歩くと、こぢんまりとした韓国食品店が見えてくる。店は小さいが、インスタント麺や各種調味料、野菜、そしてもちろんキムチやトッポキも。ここ「※海東」は30年前から営業している、この界隈でも飛び切り老舗の韓国食材店なのだ。

店内は棚に収まりきらない商品が床にまで複雑に積まれ、さながら在庫一掃セール前の倉庫のよう。

※4階建てのビルの2階
後で教えてもらったところによるとこちらは別館で通りの向かいには現在リニューアル工事中の本館もあるとのこと。

※韓国家庭料理の専門店にする予定
ちなみに海鮮チヂミと並ぶお勧めの料理はというと、蒸した豚肉を白菜でくるんで食べる「ポッサム」や「韓国式茶碗蒸し」で、これらが「三大人気メニュー」とのことでした。

※海東
【住所】東京都台東区上野2-6-3
【営業日】無休
【営業時間】11時～翌4時（日曜は24時まで）

「アレンモク」のすぐ近くにある韓国食材店「海東」

目当ての商品を探すのにも一苦労だが、店主のママさんが声を掛けてくれるので心配はいらない。

棚に並んだ商品をじっくり見ていくとポンテギ※の缶詰など「ならでは」の一品もあったりして、お宝発掘みたいな気分でなかなか楽しい。売れ筋はキムチや青唐辛子、それに棚の最上段にズラリ並んだバラエティ豊かなインスタント麺。韓国のインスタントラーメンってこんなにあったんですね。

オーナーのママによると、インスタント麺が売れるのは不景気の証なんだとか。「海東」のメーン客はこのあたりで商売している韓国人だが、特にインスタント麺をよく買っていくのは近辺のスナックやパブなどで働く「夜の商売の女の子たち」なのだそうだ。

「ラーメンは安いから景気が悪いとよく出るのね。あと、昔はこの辺りに宝飾関係の韓国人も多くいたから、そうした人もよく買っていったねえ」

そもそも、この辺りに韓国系の飲食店が増えたのはせいぜいここ15年ほどの話で、それ以前は比較的高級な韓国クラブが多かったという。だが、バブルが弾けたのをきっかけにそうした

※ポンテギ
味付けされたカイコの蛹。

棚にびっちり積まれた中には「ポンテギ」などユニークな商品も。掘り出し物を探してみよう。

高級店は軒並み撤退。※替わって増殖し始めたのが韓国料理店や比較的安く遊べるスナックやパブだった。

もっとも、今は震災の影響で働き手となる韓国人留学生も少なくなっているそうで、この界隈における韓国人の比率は減っているのでは、ということだ。替わって台頭しているのは中国人で、たしかに中国系の店が多かった印象を受けたのだが、このあたり、新大久保の状況と酷似しているのが興味深い。そういえば同じような話は一連の取材の中でしばしば耳にしたが、あるいはそれはこの時世における共通の避けがたい流れなのだろうか。

とはいえ、コリアンタウンに限らずそれぞれの「聖地」が失われていくのはやはり少なからず寂しさは募る。無責任な者としてはせいぜいキムチを買いに、あるいは火鍋を食べに、またあるいはネオンの灯るフィリピンパブへ酒を飲みに行くぐらいしかできないけれど、そうした積み重ねが変容していく街の形を少しでも押し留めているのだとしたら、もしかしたらそれが東京のアジアを求めて旅する巡礼者に与えられる現世利益、なのかも。

※高級店は軒並み撤退
ママ自身もバブル以前はこの場所でブティックを経営していたが「服が売れなくなって」食品店に鞍替えしたのだという。

おわりに

新宿から電車で10分ほどの西荻窪に柳小路という路地がある。

駅前でありながら昭和の雰囲気を色濃く残す、三人も並べば通りが塞がってしまうような狭く短いその路地では、毎月第三日曜日のみ「昼市」※という祭りが開かれる。

文字通り昼間からせいぜい夕方までの時間、路地の左右に並ぶのはタイやインド、中国、韓国、台湾、沖縄などさまざまな国や地域の屋台。酔っ払いが道を埋め尽くし、ビールやサワーを片手に豚の炭火焼や鶏肉のスパイシー焼きなんかを持って通りを徘徊している光景はほとんどバンコクのカオサンロードだ。何も知らずに紛れ込んだ人は、まったく想像もしていなかった目の前で繰り広げられている光景をみて、まるで異世界に迷い込んだような錯覚に陥るかもしれない。日本のようで日本でない、日本でないようで日本のその空間は、おそらくその瞬間、東京でもっともアジアのDNAが顕現している場所のひとつだ。

「昼市」を立ち上げた、柳小路のタイ料理店「ハンサム食堂」の経営者のひとりである伊藤貴史さんによると、「昼市」が始まったのは今から約11年前。当時、まだ酔っ払い同士の喧嘩が絶えないなど近寄り難い雰囲気が漂っていたこの通りのイメージを「少しでも払拭しようと」始めたのがきっかけだったという。着想後、「一軒一軒店を周って」有志を募り、苦労の末、

※昼市
ＪＲ西荻窪駅の南口から徒歩１分、柳小路で毎月第三日曜日に行われるお祭り。通り沿いにある飲食店が屋台を出し、料理やアルコール類を販売する。価格は料理もドリンクもワンコイン程度。通りで立ち食いする者も多いが、店舗の中で食べることもできる。他のお店で買ったものでも、持ち込み自由。２０００円もあれば、満足できる。
【開催時間】11時～16時（雨天決行）

無事に一回目を開催。以降もゆるゆると祭りは続き、いつしか100回を超えるほどの長寿イベントになっていた。祭りといっても、屋台のほかになにか出し物があるわけじゃないし、当然タイムテーブルなんて存在しない。いわばいつの間にか始まっていつの間にか終わっているわけなのだが、もしかしたらそのいい感じの力の抜け具合が、東南アジアのゆるい空気を醸し出しているのかもしれない。

この祭りは、本書でこれまで紹介してきた〝アジア人街〟とは毛色が異なるものの、これもひとつの〝アジア人街〟の形であることに違いはない。この昼市に限らず、人によっては上野の地下に広がる食品街もそうだろうし、新宿の歌舞伎町だって部分的にはアジア人街だ。そして、おそらくほかにもさまざまなアジア人街が存在しているに違いない。そして、そうしたエリアが都内のあちこちに存在していることは、アジア好きにとって紛れもなく幸せなことであるはずだ。

本書は錦糸町から始まり、高田馬場、池袋と転々と取材を重ね、さまざまな東京のアジアをみてきた記録をまとめたものである。当初想定していたより遥かに多くの時間を必要とすることとなり、出版社はもちろん著者本人でさえも完成するメドがたたず冷や汗をかくことしきりだったが、多くの人の協力を得て、おかげさまでなんとかこうして形にでき、今はほっと胸を撫で下ろしております。絶妙なタイミングで適切なアドバイスをくれ、休日返上で取材に付き合ってくれた彩図社の権田さん、そして何より、二つ返事で取材を快諾していただき、ときに

多くの人で賑わう昼市

格安でアジア飯が味わえる

はアポなしの唐突なお願いだったにも関わらずまったく嫌な顔もせず笑顔で受けてくれた各店のみなさん。みなさんの協力がなければこの本は永遠に完成しませんでした。この場を借りて深く深く感謝したいと思います。

東京の街角で、あるいは裏路地で、あるいはどこかの雑居ビルの階段で、ふとアジアの匂いを感じる瞬間がある。

匂いとともに、ついでにヒマに任せてバックパックを背負ってアジアをうろついていた頃の記憶まで蘇ってきちゃったりして、思わずiPhoneを取り出し「トラベルコちゃん」を呼び出して格安航空券を探したくなる衝動に駆られたりもするのだが、そんなときは本書で歩き回っているどこかの「東京のアジア」に行って充足したりしているこの頃である。

アジアを旅するのは楽しいけれど、東京で新しいアジアを発見するのもまた楽しい。飛行機にも乗らず、パスポートも必要なく、バックパックも背負わずに行ける身近なアジアは、旅に飢えた人々にとっての最良の駆け込み寺なのである。

それにしてもアジアの流れは速い。新大久保の項でも触れたが、アジアの店は、数か月前に取材した店舗が遊びにいったら違うオーナーに代わってた、なんてことがしばしばある。

実際、本書を制作するうえで取材した店のいくつかは出版前には閉店していたり、オーナーが変わっていたりしていて、泣く泣く本文を差し替えたり削除せざるを得なかった部分もある。また、当時働いていて、話に付き合ってくれた気のいいスタッフがすでに母国へ帰国してしまったり、なんてこともあった。発売を待ち望んでくれた彼・彼女らにこの本を読んでもらえないことが本書が完成した今の唯一の心残りである。

だが、そうした流れが新しい店舗や流行を生み、パワフルなアジアを形作っていることもまた事実だ。土地に根を張り、周囲に左右されない商売を続けることで街の土台を築き上げた老舗がある一方、チャンスを感じて新たに商売を始める新店もある。現在の街の形は、絶えず新陳代謝を繰り返し、情報をアップデートしてきた中で作られてきたものなのである。

バックパッカーの世界では、旅先で気に入ったひとつの街に留まることを「沈没」というけれど、思えば上京して以来もう15年も東京に沈没している自分にとって、知られざるアジアを開拓していくことは、街がより居心地のいいものになっていくことと同義でもある。

本書が、最後まで読んでくれたアジア好きのみなさんにとって、同じように東京のアジアを旅するきっかけになればこれに勝る喜びはありません。

２０１４年９月　　河畑悠

■ **著者紹介**

河畑悠（かわはた・ゆう）

ライター・編集者。

1979 年生まれ。学生時代にアジアの魅力に取り憑かれ、バックパッカーとしてアジア全域を旅する。大学卒業後、業界紙記者や情報誌の編集などを経験。現在はアジア関連をテーマとするライターとして活動中。

好きな場所はタイのバンコク。

タイ料理やゲテモノ料理の食べ歩きがライフワーク。

東京のディープなアジア人街

平成 26 年 10 月 20 日　第 1 刷

著　者　河畑悠

発行人　山田有司

発行所　株式会社　彩図社
東京都豊島区南大塚 3-24-4
MTビル　〒 170-0005
TEL：03-5985-8213　FAX：03-5985-8224

印刷所　新灯印刷株式会社

URL http://www.saiz.co.jp　携帯サイト http://saiz.co.jp/k →

ISBN978-4-8013-0029-3 C0026